中国纺织工业基础能力提升路径

ZHONGGUO FANGZHI GONGYE
JICHU NENGLI TISHENG LUJING YANJIU BAOGAO

研究报告

中国纺织信息中心 ◎ 编著

中国纺织出版社有限公司

U0747596

内 容 提 要

本书共分为四章。第一章梳理分析世界及中国纺织工业的发展情况，结合行业发展实际对纺织工业基础能力的内涵进行界定；第二章通过国际比较对中国纺织工业基础能力的现状、差距进行分析研究；第三章对当前国内外影响产业基础能力建设的趋势变化和关键要素进行研判；第四章提出了中国纺织工业基础能力的提升路径及政策建议。

本书旨在研究中国纺织工业基础能力的发展现状及问题，探讨行业基础能力提升的路径，可作为政府部门、行业协会、相关企业的工作参考书，也可供研究机构、专业院校、社会人士阅读借鉴。

图书在版编目（CIP）数据

中国纺织工业基础能力提升路径研究报告 / 中国纺织信息中心编著 . -- 北京：中国纺织出版社有限公司，2022.6

ISBN 978-7-5180-9520-9

Ⅰ．①中… Ⅱ．①中… Ⅲ．①纺织工业-工业发展-研究报告-中国 Ⅳ．① F426.81

中国版本图书馆 CIP 数据核字（2022）第 068265 号

责任编辑：孔会云 陈怡晓 责任校对：王蕙莹 责任印制：何 建

中国纺织出版社有限公司出版发行
地址：北京市朝阳区百子湾东里A407号楼 邮政编码：100124
销售电话：010—67004422 传真：010—87155801
http://www.c-textilep.com
E-mail：faxing@c-textilep.com
中国纺织出版社天猫旗舰店
官方微博 http://weibo.com/2119887771
唐山玺诚印务有限公司印刷 各地新华书店经销
2022年6月第1版第1次印刷
开本：787×1092 1/16 印张：7.5
字数：145千字 定价：128.00元

《中国纺织工业基础能力提升路径研究报告》
课题组

课题咨询委员会

顾　问　孙瑞哲　陈大鹏

主　任　乔艳津

委　员　乔艳津　胡　松　伏广伟　李斌红　阎　岩　张　玮
　　　　董奎勇　李　波　胡发祥

课题组

组　长　董奎勇

副组长　闫　博　宋秉政

成　员　董奎勇　闫　博　李　惠　宋秉政　翁　重　吴　猛
　　　　曹文娜　赵永霞　马　磊　陈　佳　张　娜　刘凯琳
　　　　白　静　郑国峰　刘佩全　韩俊霞　胡发祥　陈宝建
　　　　宋富佳　谢欣桁　和晓颖

序

纺织服装行业的发展与民族振兴、人民幸福同频共振，凝结着人民对美好生活的向往与追求，推动着制造实力与文化影响的提升与跃迁，承载着强国建设与共同富裕的使命与担当。

经过多年发展，中国纺织工业建立起了全世界最为完善的现代纺织制造体系，绝大部分指标已达到国际先进水平，生产制造能力与国际贸易规模长期居于世界首位。2020年，我国纺织纤维加工总量达5800万吨，占世界纤维加工总量的比重保持在50%以上。2021年中国纺织品服装出口总额达到3154.6亿美元，创下历史新高。围绕"科技、时尚、绿色"的产业定位，行业保持了"稳中有进"的发展态势，在稳经济、稳外贸、稳就业等多方面发挥了重要作用。

回看来路，中国纺织工业在工业化进程中，成功走出了一条规模化、体系化的后发赶超之路。进入新发展阶段，服务新格局，践行新理念，发展新制造，推动新消费，我们正面对如何迈向价值链高端的新课题，行业需要长出第二只翅膀，探索高质量的路径与模式。

习近平总书记立足时代大势与历史高度，战略性地提出要"打好产业基础高级化、产业链现代化的攻坚战。"这为纺织行业的转型升级提供了根本遵循与方向指引。

打好攻坚战，产业发展要更加关注质量与效率。纺织工业已经具备了规模优势与体系优势，但发展不平衡、不充分的问题仍存在。在关键基础材料、核心基础零部件、先进基础工艺和产业技术基础等方面与国际先进水平还存在差距；消费端与生产端不平衡，产业链各环节、大中小企业之间的"数字鸿沟"依然存在；行业的绿色技术与产品在成本、应用等方面还不能满足市场需求，推动从消费意愿到消费行动的跨越，行业绿色创新能力仍需提升；设计创新对品牌发展的支撑尚显不足，文化的价值转化、趋势的全球引领亟待破局。这些问题制约着整个产业体系的效率提升、动力升级和价值实现，是产业发展的难点、要素循环的堵点。行业要实现跃迁，必须闯关过卡。

打好攻坚战，产业发展要更加关注安全与稳定。世界之变、时代之变、历史之变正以前所未有的方式展开，新冠疫情反复、地缘政治冲突加剧了全球供应链风险。保障原料、技术、装备的自主可控，日渐成为全球产业分工合作的重要考量。高端技术、"卡脖子"技术作为产业价值的核心支撑决定着现实与未来，是全球产业竞争中的焦点。从《2021美国创新与竞争法案》、英国《产业战略：建设适应未来的英国》白皮书、到欧盟《下一轮研发和创新投资计划（2021—2027）》，主要国家都在加码基础研究、关键创新。一个越来越清晰的事实是在大国博弈背景下，关键技术、核心能力的提升只能靠自己，形势变得更加紧迫。

求木之长者，必固其根本；欲流之远者，必浚其泉源。要解决战略性、长期性的问题，实现前瞻性、系统性的发展，就需要回归第一性原理，深入产业发展的底层，提升基础能力。这顺应了产业链从初级向高级、从传统向现代跃迁的基本趋势，是产业发展规律的内在要求，也是实现市场价值的必然选择。

从全球产业与技术发展的历程看，产业基础能力的提升是一个大投入、长周期、高风险的过程，发展重点不正确，往往耗费大量的人力与资源，这就决定了明确发展方向异常重要。另一方面，因为纺织产业链环节多，涉及多学科交叉，这使得纺织产业基础能力更加分散化、隐藏化。要理清发展方向是一项复杂工程。勾勒出产业基础能力"全景图"、描绘出提升基础能力的"路线图"，对"十四五"时期，在双循环格局下推动产业高质量发展具有十分重要的现实意义与理论价值。

《中国纺织工业基础能力提升路径研究报告》正是这样一次有益探索。报告对纺织工业基础能力进行了系统研究。该课题组从硬性基础能力、软性基础能力、基础支撑能力三个维度展开研究，在梳理国内外纺织工业发展现状的基础上，分析比较了中国纺织工业基础能力的现状与差距。立足于新形势、新变化，给出了新发展阶段提升纺织产业基础能力的路径与政策建议。研究报告数据详实、案例丰富，理论扎实，具有较强的参考价值。

希望业内广大企业界、学术界人士能一读此书，相信一定有助于大家更好应对当下、把握未来。

中国纺织工业联合会会长

2022年4月

前言

以衣载道，以业兴国。纺织服装行业与时代同频共振。经过多年的发展，中国纺织工业实现了由小到大、由大到强的历史性跨越，形成了全球规模最大、最完备的产业体系。2020年，中国纤维用量约5800万吨，超过全球纤维加工总量的一半；纺织品和服装的出口额分别达到全球的43.5%和31.6%。行业成为制造强国的中坚力量和出口创汇的主要来源。2021年规上纺织企业实现营业收入同比增长12.3%，利润总额同比增长25.4%，营业收入利润率达到5.2%，是2018年以来最高水平。面对疫情冲击，行业的发展表现出强大的发展韧性。作为高度全球化的创富产业，中国纺织行业已经成为稳定经济增长、保障民生就业的重要力量，成为促进区域均衡发展、美化人民生活的重要力量，成为构建新发展格局、推进共同富裕的重要力量。

"十四五"时期，中国纺织工业正以高质量发展为方向，加速推进从制造向创造、从速度向质量、从产品向品牌的"三大转变"，向着价值链的高端攀升。行百里者半九十，越是接近目标，越充满风险挑战。

从产业自身看，行业发展不平衡、不充分的问题依然存在。应用创新与基础创新的不平衡、绿色低碳与发展阶段的不平衡、数字化智能化不充分、创新应用不充分等深层次问题制约着产业的转型升级。要实现行业更高质量的发展，就需要突破现实瓶颈。

从全球环境看，世界百年变局的不确定性对产业的影响愈发深远。地缘政治冲突不断，大国博弈加剧，贸易关联、产业布局、科技合作等方面都面临着重重阻碍；新冠疫情持续反复，产业链供应链受到巨大冲击。要保障行业的平稳与安全，就需要找到新的确定性。

从潮流趋势看，创新作为引擎正在打开产业发展的新空间。科技革命与产业变革协同演进，材料技术、装备技术、工程技术的发展，正在深刻改变产业的要素与结构，加速优化产品的功能与性能。面向天地山河，产业的应用领域与场景不断延展。要赢得行业未来，就需要占得先机。

习近平总书记将推进产业基础高级化和产业链现代化作为经济高质量发展的重要方向，进行了多次强调。这为行业化解压力、实现高质量发展提供了根本遵循，为行业厚植根基、把握未来提供了方向指引。推进产业基础高级化和产业链现代化，核心就是提升产业基础能力。

基础能力应时代而变，因产业而异。中国纺织工业具有多业态融合、产业关联紧密、产业纵深长的特征，产业基础能力也呈现出高度的综合性、关联性和时代性。为了识别基础能力、找到提升路径，中国纺织信息中心受工业和信息化部消费品工业司委托，开展了《中国纺织工业基础能力提升路径研究》专题研究。本报告是该专题研究的重要成果。

报告以全球化的视野，结合产业的发展实际，对纺织工业基础能力进行了深入系统的分析探索。

报告共分为四章。第一章全面梳理了世界和中国纺织工业的发展现状，用翔实的数据反映产业发展趋势特征，引出产业基础能力研究的必要性，并对纺织工业基础能力的内涵进行了具体界定；第二章从硬性基础能力、软性基础能力、基础支撑能力三个维度展开，通过国际比较对产业基础能力的发展现状进行了研究分析，指出存在问题和发展方向；第三章对当前国内外影响产业基础能力建设的趋势变化和关键要素进行了分析研判；第四章综合行业现状分析与形势变化，提出了中国纺织工业基础能力提升的方法路径和政策建议。

本报告可供各级工业主管部门、广大纺织服装企业、纺织专业院校、各类行业研究和服务机构参阅。希望报告内容能为读者更好认识纺织行业、了解行业基础能力建设提供帮助。

研究过程中，课题组得到了工业和信息化部消费品工业司的全力支持和指导，得到了中国纺织工业联合会信息化部、中国纺织服装教育学会、中国纺织职工思想政治工作研究会等单位的支持与帮助。中国纺织信息中心及本课题组表示衷心感谢！

鉴于研究课题的复杂性，且受时间、资源条件以及研究人员自身水平的限制，本研究难免存在不足与未尽之处，欢迎广大读者给予批评指正。

中国纺织信息中心

2022年4月

目录

第三章　中国纺织工业基础能力建设面临的新形势

第四章　中国纺织工业基础能力的提升路径

第一章　中国纺织工业发展概况

第一节　世界纺织工业发展现状

一、纺织工业是支撑世界经济发展的中坚力量

纺织工业作为世界各国工业化进程的先导产业，在解决就业、发展经济、促进贸易等方面具有重要的地位。根据世界银行发布的研究报告，世界纺织工业就业人数占到全球制造业就业人数的15%左右。得益于全球经济和人口的持续增长，世界纺织纤维产量也保持了长期稳定的增长态势。《纤维年报2021》数据显示，2020年，世界纺织纤维加工总量达到10736.7万吨，是1990年的2.4倍，世界人均纤维消费量也由8.4千克增长至14.1千克。

从纤维结构来看，天然纤维产量增长缓慢，近10年占纤维总产量的比重呈现明显下降态势。2020年，天然纤维产量占世界纤维产量的26.2%。化学纤维的发展对纺织工业整体发展起到了关键的支持作用。2020年，世界化学纤维产量达到了8086.6万吨，是1990年的4.2倍，贡献了纤维增量的94.9%，如图1-1和图1-2所示。

二、世界纺织工业的产能情况

2000年以来，全球纺织品服装生产总体呈现逐步集中的趋势。以纺纱产能为例，根据国际纺织制造商联合会（ITMF）的统计，2019年，全球已安装运行的转杯纺、长丝锭和短纤锭的总量分别达到739.9万头、1244.4万锭和2.2亿锭，其中，亚洲及太平洋地区分别占全球的68.8%、53.3%和88.9%，产能集中度非常高。2020年，亚洲及太平

洋地区出货量继续保持较高占比，分别达到83.4%、35.0%、87.7%，见表1-1。

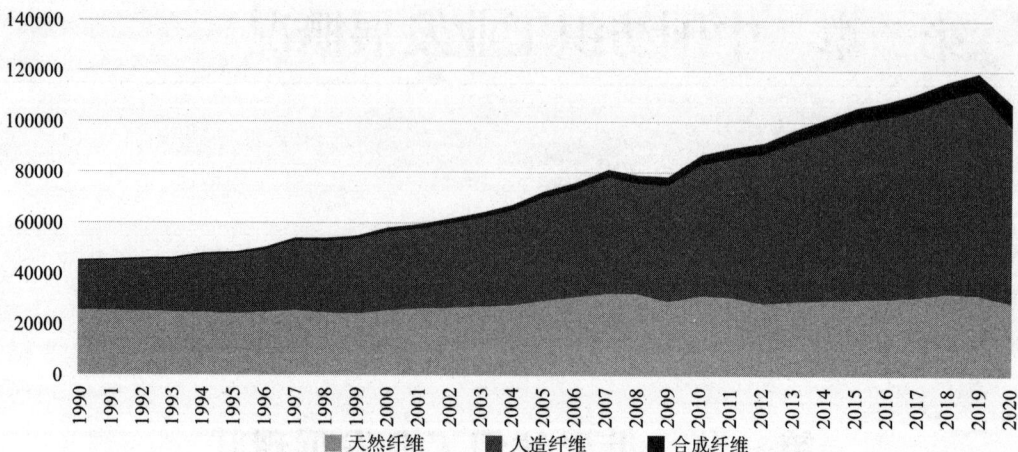

图1-1　1991~2020年世界各类纤维产量变化情况（单位：1000吨）

资料来源：The Fiber Year 2021

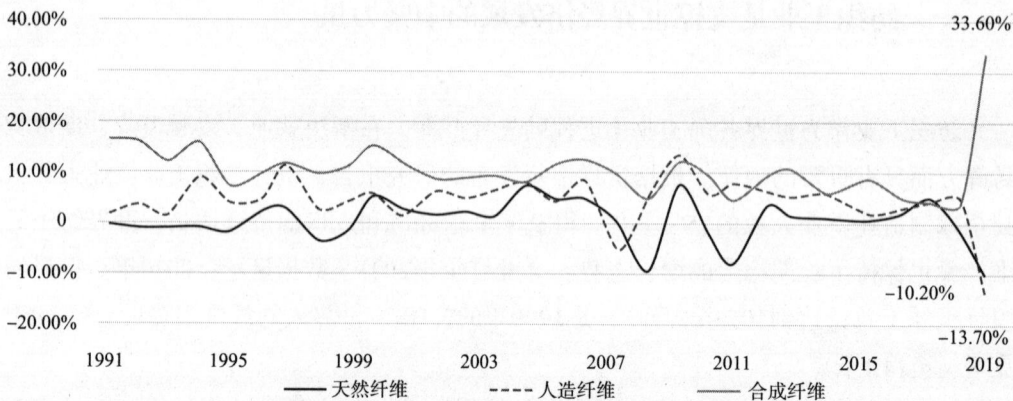

图1-2　1991~2020年世界各类纤维产量增长率变化情况

资料来源：The Fiber Year 2021

表1-1　世界纺纱能力分布

区域	2019年前已安装的生产能力						2020年出货量					
	转杯纺		纱锭				转杯纺		纱锭			
			长丝		短纤				长丝		短纤	
	数量（万头）	占比（%）	数量（万锭）	占比（%）	数量（万锭）	占比（%）	数量（万头）	占比（%）	数量（万锭）	占比（%）	数量（万锭）	占比（%）
非洲	16.34	2.21	25.44	2.04	381.17	1.71	0.04	0.10	—	—	5.28	1.46
北美	40.73	5.50	88.20	7.09	411.62	1.85	0.30	0.71	0.02	0.91	3.95	1.09
南美	53.10	7.18	66.80	5.37	715.95	3.21	1.38	3.27	—	—	3.27	0.90

区域	2019年前已安装的生产能力						2020年出货量					
	转杯纺		纱锭				转杯纺		纱锭			
			长丝		短纤				长丝		短纤	
	数量(万头)	占比(%)	数量(万锭)	占比(%)	数量(万锭)	占比(%)	数量(万头)	占比(%)	数量(万锭)	占比(%)	数量(万锭)	占比(%)
亚洲及太平洋地区	508.88	68.78	663.37	53.31	19828.78	88.90	35.18	83.38	0.77	35.00	318.13	87.70
东欧	27.68	3.74	129.20	10.38	89.70	0.40	0.04	0.10	0.27	12.27	—	—
西欧	13.16	1.78	194.39	15.62	98.53	0.44	1.08	2.56	0.57	25.91	0.20	0.06
欧洲其他地区	80	10.81	75	6.03	780	3.50	4.17	9.88	0.57	25.91	31.93	8.80
世界合计	739.89		1244.40		22305.75		42.19		2.20		362.75	

资料来源：Internation Textile Machinery Shipment Statistics 2020。

根据联合国工业发展组织（UNIDO）数据，2018年，纺织制造业增加值前15位国家的总和约占全球份额的91.0%，比2010年的86.8%有所提高。中国以59.0%的份额遥遥领先，其他国家所占份额都有不同程度的下降。美国、日本、意大利、韩国、德国等传统纺织制造业国家仍然占据着一定的领先优势，印度、土耳其、巴基斯坦等新兴国家也开始在纺织业领域占有较高份额。

2018年，服装制造业增加值排名前15位国家的总和约占全球份额的86.8%，比2010年提高了4.1个百分点。其中，中国占比达到56.1%，较2010年提高15.4个百分点。印度、越南、斯里兰卡等国家服装业发展速度加快，分别由2010年的第9位、第14位和第19位上升到2018年的第6位、第8位和第9位。

三、世界纺织市场与贸易情况

2020年，受新冠肺炎疫情影响，全球贸易大幅下滑，增速仅为-5.3%。纺织品服装出口增速变化趋势与全球贸易增速变化方向基本吻合，但波动更大，如图1-3所示。据中国海关数据显示，在防疫物资消费需求激增的带动下，中国纺织品服装出口逆势增长9.1%。

世界贸易组织（WTO）统计数据库显示，全球纺织品服装出口额前5位的国家或地区在全球纺织品服装出口总额中的占比持续增加。具体看，纺织品出口额占全球的比重由2018年的56.9%提高至2020年的72.3%，服装出口额占全球的比重由2018年的54.4%提高至2020年的75.6%，产业集中度大幅提升，如图1-4和图1-5所示。

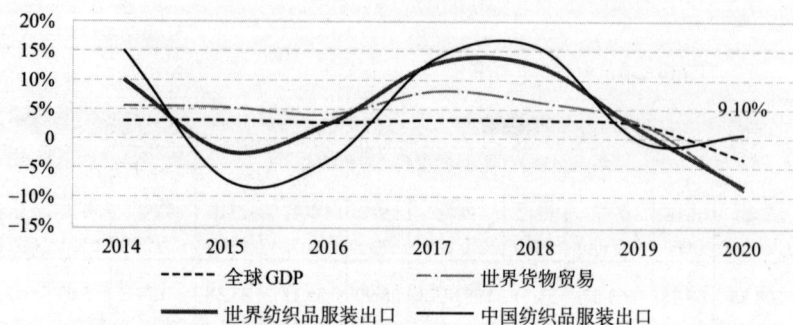

图1-3 2014~2020年世界贸易增速、GDP增速与纺织品服装出口增速的变化情况

资料来源：国际货币基金组织（IMF）、世界贸易组织（WTO）、中国纺织品进出口商会

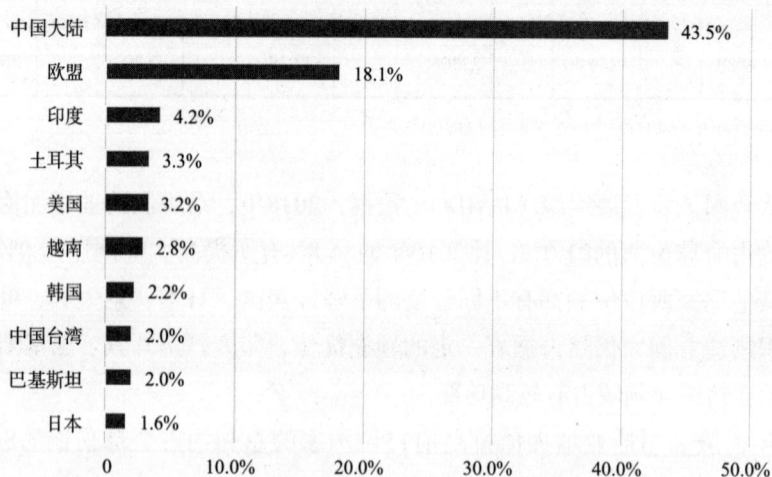

图1-4 2020年世界纺织品出口前十位国家/地区的出口比重

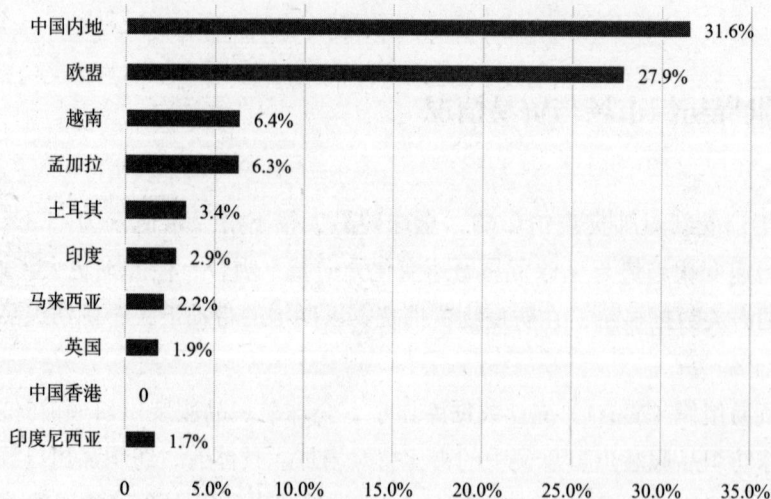

图1-5 2020年世界服装出口前十位国家/地区的出口比重

资料来源：世界贸易组织（WTO）

中国纺织工业基础能力提升路径研究报告

世界贸易组织（WTO）数据显示，2020年，世界货物出口总额为17.6万亿美元，货物贸易量同比减少5.3%。从地域分布看，全球前十大贸易国/地区的货物出口额占全球贸易总额的52%。其中，中国内地货物出口总额为2.6万亿美元，占全球贸易总额的14.7%，位居第一，如图1-6所示。从产品结构看，全球制造业的产品出口占世界货物出口总额的71%。其中，纺织品服装出口额约8024亿美元，占世界货物出口总额的4.7%。值得注意的是，纺织品出口额增长16%，位居制造业产品出口额首位。

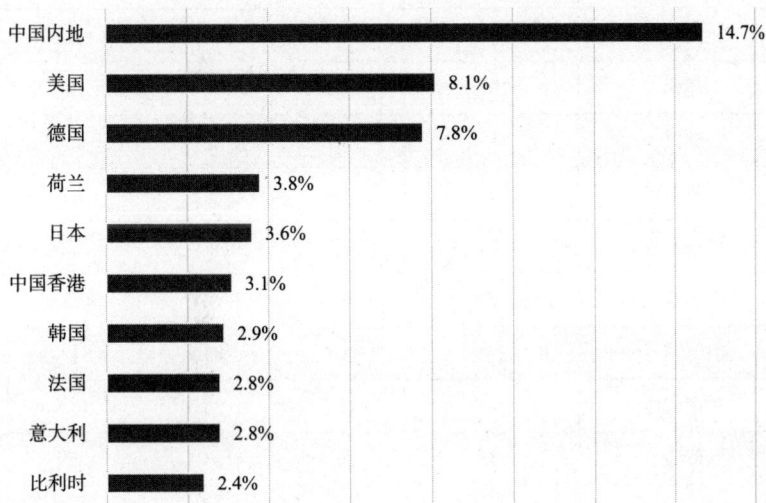

图1-6　2020年全球前十大贸易国/地区的货物出口额在全球贸易总额中的占比情况
资料来源：世界贸易组织（WTO）

将欧盟作为整体考虑的情况下，2020年，全球纺织品出口前10位的国家或地区的出口额合计为2940亿美元，占世界的83%；2020年，全球服装出口前10位的国家或地区的出口额合计3860亿美元，占世界的84.2%。无论是从纺织品出口占比还是从服装出口占比看，排名前10位的国家或地区所占比重均呈上升态势，但国家（或地区）在构成上不断发生变化。纺织品出口方面，越南提升较快；服装出口方面，越南、孟加拉国等国家提升较快。近年来，中国大陆纺织品出口额在全球的占比不断提高，但中国内地服装出口占比开始有较明显的下降，见表1-2。2020年，中国大陆纺织品出口额同比增长28.8%，在全球纺织品出口额中的占比提高至43.5%；中国内地服装出口额虽同比减少6.3%，但在全球服装出口额中的占比下降不多，由2010年的36.6下降至31.6%。

表1-2　全球前十位国家/地区纺织品和服装出口情况

类别	国家/地区	2020年出口额（10亿美元）	2000年份额（%）	2005年份额（%）	2010年份额（%）	2020年份额（%）
纺织品	中国大陆	154	10.3	20.2	30.4	43.5

类别	国家/地区	2020年出口额（10亿美元）	2000年份额（%）	2005年份额（%）	2010年份额（%）	2020年份额（%）
纺织品	欧盟	64	33.4	32.5	25.3	18.1
	欧盟外出口①	22	11.5	11.3	9.0	6.1
	印度	15	3.6	4.1	5.1	4.2
	土耳其	12	2.4	3.5	3.5	3.3
	美国	11	7.0	6.1	4.8	3.2
	越南	10	0.2	0.4	1.2	2.8
	韩国	8	8.1	5.1	4.3	2.2
	巴基斯坦	7	2.9	3.5	3.1	2.0
	中国台湾	7	7.6	4.8	3.8	2.0
	日本	6	4.5	3.4	2.8	1.6
	前10位合计	294	80.0	83.5	84.5	83.0
服装	中国内地	142	18.2	26.6	36.6	31.6
	欧盟	125	26.4	29.3	26.9	27.9
	欧盟外出口	38	8.1	8.6	7.5	8.4
	越南	29	0.9	1.7	2.9	6.4
	孟加拉国	28	2.6	2.5	4.2	6.3
	土耳其	15	3.3	4.2	3.6	3.4
	印度	13	3.0	3.1	3.2	2.9
	马来西亚	10	1.1	0.9	1.1	2.2
	英国	8	2.1	1.8	1.6	1.9
	中国香港	8	—	—	—	—
	印度尼西亚	8	2.4	1.8	1.9	1.7
	前10位合计	378	65.1	74.5	82.1	84.2

资料来源：世界贸易组织（WTO），World Trade Statistics Review 2021。

①欧盟外出口数据包含在欧盟出口数据中，是欧盟对欧盟以外国家出口的数据。

四、世界纺织工业投资情况

全球纺织工业的对外投资（FDI）一直处于比较活跃的状态，呈现稳定增长趋势。联合国贸易和发展会议（UNCTAD）的统计显示，2020年，受新冠肺炎疫情和世界经济低迷的影响，全球外国直接投资骤降，全球纺织工业绿地投资项目数量为647个，较2019年下降57.4%，占全球制造业绿地投资项目数量的12.6%，在制造业中的比重急剧下降，如图1-7所示。

图1-7 世界纺织工业绿地投资项目数量及在全球制造业中的占比情况

资料来源：联合国贸易和发展会议（UNCTAD）

2020年，全球纺织工业绿地投资的金额达到112.1亿美元，同比下降51.9%，接近2006年的水平，如图1-8所示。

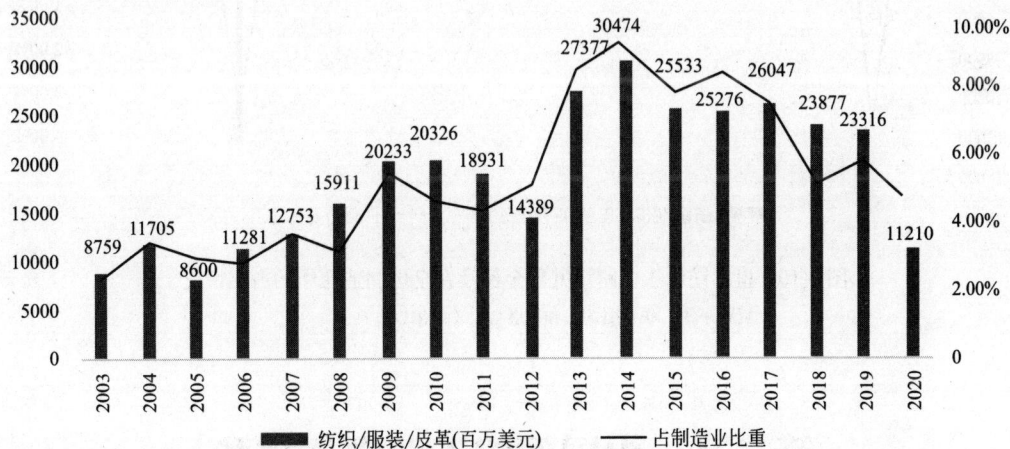

图1-8 世界纺织工业绿地投资金额及在全球制造业中的占比情况

资料来源：联合国贸易和发展会议（UNCTAD）

相比绿地投资，全球纺织工业跨境并购的项目数量和金额都较小，2020年，跨境并购项目17个，占制造业的比重为1.8%；并购金额为2.63亿美元，占制造业并购总额的0.13%，如图1-9和图1-10所示。

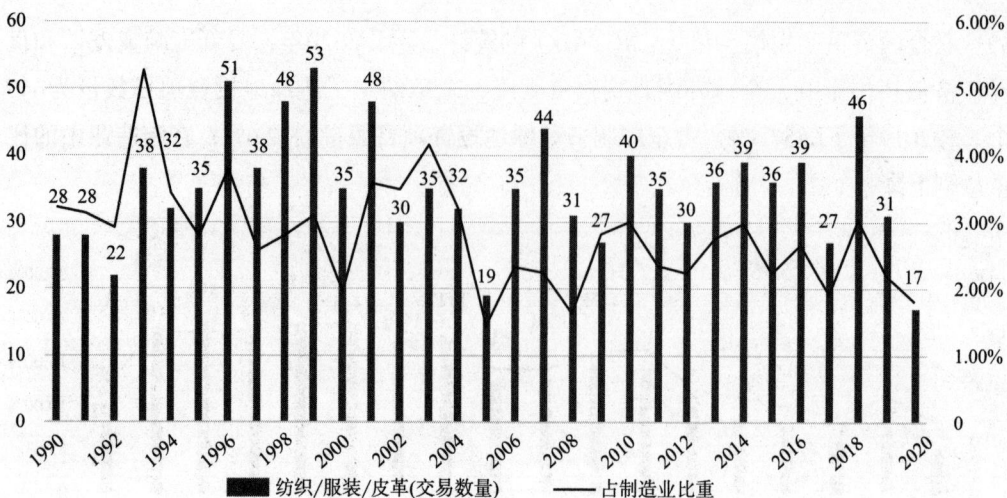

图1-9　世界纺织工业跨境并购项目数量及在制造业中的占比情况
资料来源：联合国贸易和发展会议（UNCTAD）

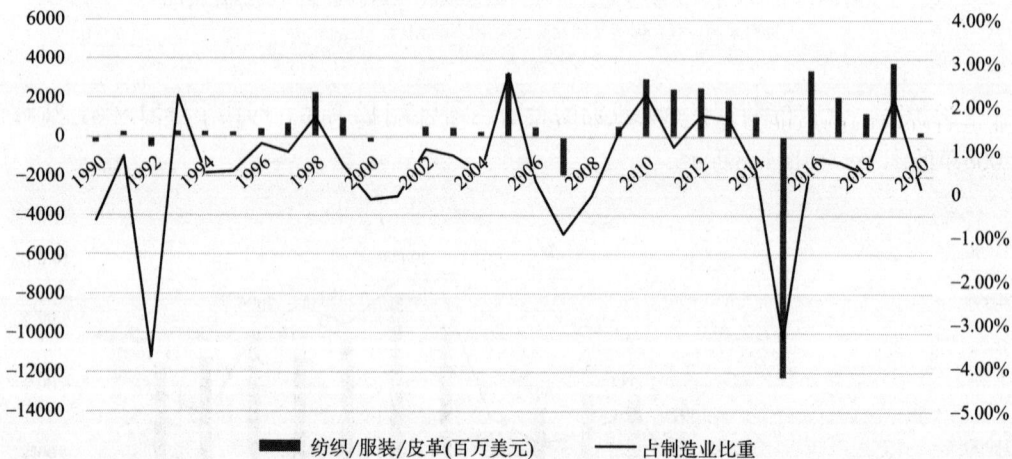

图1-10　世界纺织工业跨境并购金额及在全球制造业中的占比情况
资料来源：联合国贸易和发展会议（UNCTAD）

第二节　中国纺织工业发展现状

一、中国纺织工业的发展态势

纺织工业是中国国民经济的传统支柱产业和重要的民生产业。党的十八大以来，面对复杂多变的外部环境和经济发展新常态等一系列深刻变化，中国纺织工业在党中央的正确领导下取得了全方位、系统性的发展，打开了高质量发展新局面。

1. 纺织工业是中国最有潜力率先跨入世界制造强国行列的工业部门之一

纺织工业是现代化强国建设的重要支撑力量。在中国共产党的领导下，中国纺织工业实现了由小到大、由大到强的历史性跨越，绝大部分指标已达到甚至领先于世界先进水平，建立起全世界最为完善的现代纺织制造产业体系，生产制造能力与国际贸易规模长期居于世界首位，成为国民经济的基础、国家民生的保障、制造强国的底色。2020年，纤维用量约5800万吨，占全球纤维总量的54%，见表1-3。特别是新冠肺炎疫情以来，中国纺织工业快速修复、高效响应，表现出强大的韧性与活力。2021年，纺织行业规模以上企业工业增加值同比增长4.4%，两年平均增长0.8%。行业的平稳发展为稳定宏观经济大盘、落实"六稳""六保"任务做出了建设性贡献。2021年，全国3.4万户规模以上纺织企业实现营业收入51749.4亿元，同比增长12.3%，两年平均增长1.2%；规模以上企业实现利润总额2676.8亿元，同比增长25.4%，两年平均增长8.3%，呈现较高的增长态势；全国规模以上纺织企业营业收入利润率为5.2%，较上年同期提高0.6个百分点。产业结构持续优化，产业用纺织品快速发展。2020年，服用、家用、产业用三大终端产品纤维消费比重调整到40∶27∶33，如图1-11所示。产业链各环节的制造能力与水平稳居世界前列。全球60英支以上纱线生产量的80%在中国，色纺纱生产量的90%以上在中国，高档衬衫色织面料生产量的60%在中国，高档牛仔面料生产量的30%在中国，高支高密织物的生产技术主要在中国。行业也是中国出口创汇和外贸顺差的主要来源，在维持币值稳定、实现国际收支平衡、保障国家经济金融安全、服务国家发展战略等方面发挥着重要的支撑作用。2020年，全行业净创汇2730亿美元，占全国的51.0%。

表1-3 中国纤维加工总量及占世界的比重情况

年份	2014	2015	2016	2017	2018	2019	2020
中国纤维加工总量（万吨）	5000	5300	5420	5430	5460	5600	5800
占世界的比重（%）	51.86	53.01	53.47	52.66	51.28	49.35	54

资料来源：中国纺织工业联合会产业经济研究院、纤维年报2021。

2. 纺织工业是中国为数不多的具有全产业链创新能力的工业部门

历史和实践证明，纺织工业在以应用创新为重点的工业化进程中，成功走出了一条后发赶超之路。行业的科技创新已经从"跟跑、并跑"进入"并跑、领跑"并存的阶段。行业研发投入和创新产出大幅提升。2019年，规模以上纺织企业研发投入强度为1.02%，是2014年的两倍。2020年，纺织业R&D（research and development，研究与开发）经费投入强度为0.99%，纺织服装、服饰业为0.76%，化纤行业达到1.66%。截至2020年，中国纺织工业的有效专利量（除外观设计）为20.8万件，新增发明专利

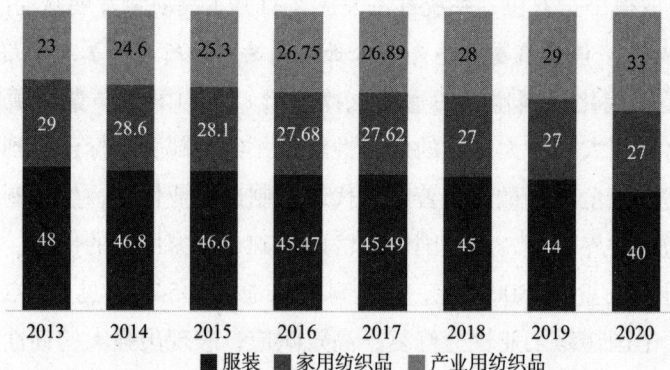

图1-11　三大终端产业纤维消耗占中国纤维加工总量的比重情况（％）
资料来源：中国纺织工业联合会

6913件、实用新型专利45553件。其中，服装及后整理领域在2020年的授权专利数量分别占全行业的24%和36%，技术创新尤其活跃。2004~2020年，纺织行业获得国家科学技术奖65项，其中国家技术发明奖16项，国家科学技术进步奖49项。行业在诸多领域取得重大突破。

在材料方面，常规纤维已处于世界领先地位，高性能、高功能性纤维实现了从量到质的转变。"十三五"末，我国高性能纤维总产能占世界的比重超过三分之一。其中，民用领域的碳纤维具有显著优势；高强高模聚乙烯、间位芳纶等高性能纤维实现了规模化生产并达到国际先进水平；产业用纺织品在纤维加工总量中的占比达到33%，已被广泛应用于航空航天、基础设施等领域。

在装备方面，纺织装备的智能化、服务化和绿色化水平大幅提高，整体水平和制造能力均位居世界前列。目前，中国纺机产品销售额占全球的50%左右；国产纺机的国内市场占有率已达75%以上；高端装备关键基础件的国产化率达50%以上；全数字化棉纺成套设备也已实现产业化应用，万锭用工可降至15人左右。

在工艺方面，行业关键共性技术不断突破，新型纺织绿色加工技术快速涌现。低温快速前处理、冷轧堆染色等清洁生产技术取得突破和产业化应用；超临界二氧化碳流体染色、涤纶织物少水连续式染色等关键技术研发取得重要进展；循环再利用化学纤维科技创新能力明显提升，废旧纺织品资源化利用水平进一步提高。

行业科技创新平台建设稳步推进，科技创新生态持续完善。截至2020年底，纺织行业建成国家先进印染技术创新中心和国家先进功能纤维创新中心、国家重点实验室6个，国家工程研究中心2个、国家企业技术中心81家（含5家分中心）；中国纺织工业联合会认定的行业重点实验室59个、技术创新中心37家，基本涵盖了纺织行业未来发展的重点领域。依托完备的产业体系和扩散应用生态，中国纺织工业能够实现全产业链的闭环创新。一个环节的创新可以在另一个环节快速得到应用转化。体系化的创新優势使得中国纺织工业正日渐成为全球纺织科技创新的重要来源。

3. 纺织工业是树立中国文化自信的重要产业载体

党的十九大报告指出："没有高度的文化自信，没有文化的繁荣兴盛，就没有中华民族伟大复兴。"中国自古被称为"衣冠上国，礼仪之邦"，作为文化载体，纺织品服装蕴含着国家的文化传统和价值理念，装点着中华民族5000多年的文明历程，是中国优秀传统文化的呈现。在已经发现的甲骨文中，以"系"为偏旁的文字有100多个。丝绸之路，横贯古今，纺织服装也是文化交流的重要载体。行业对于真实、立体、全面地展现中华文化之美、中国发展之美意义重大。

推进中国先进文化在纺织品服装中的创新性发展和创造性转化，提升中国纺织服装品牌影响力和时尚话语权是树立文化自信的重要途径。以当代生活方式为切入点，色彩、纤维、纱线、面料、服装、家用纺织品等全产业链的流行趋势研究能力与传播质量不断提升，使行业成为全球时尚潮流的重要策源地，国际时尚话语权得到很大提升。行业各种国际国内展会、时装周等活动的规模和质量都有了质的飞跃。制造品牌、消费品牌、区域品牌的品牌体系正在形成。2012年以来，"中国纤维流行趋势"发布了200余种纤维产品，参与企业超过400家；"中国流行面料"每年入围企业超过800家。工信部公布的纺织服装创意设计试点示范园区（平台）已有54家，孵化了大批纺织服装品牌（图1-12）。安踏、李宁、波司登、爱慕、太平鸟等优秀消费品牌开始登上国际舞台，中国设计师品牌大量涌现。2021年，安踏总市值曾多次突破4000亿港元，一度超越阿迪达斯成为全球市值第二的运动品牌。申洲、盛虹、恒力、恒逸、魏桥、如意、鲁泰、晨风、孚日、亚光、愉悦、红柳等一批优秀制造企业已成为全球制造品牌的行业典范。区域品牌快速发展，柯桥、大浪、虎门、濮院、盛泽、常熟、西樵、叠石桥、石狮、织里等作为地理标志深入人心，成为区域发展的新名片。中国纺织行业的品牌化建设成效显著。

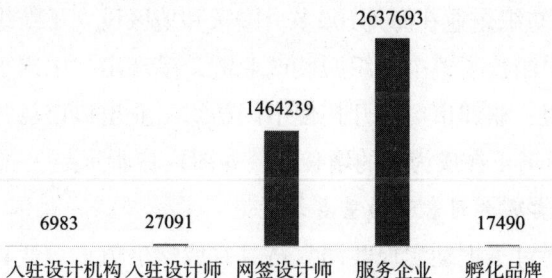

图1-12 纺织服装创意设计园区主要指标整体情况
资料来源：《2020年中国纺织服装品牌发展报告》

4. 纺织工业是推动构建双循环格局的重要支撑力量

作为关系国计民生的永恒产业、支柱产业，纺织行业深刻影响着人民的生活质量、生命质量，决定着消费升级、产业升级。一方面，纺织类产品充分稳定供给，有效满足了人民生活的基本需要。2021年，主要大类产品化纤、纱、布、印染布、服装产量同比分别增长9.1%、8.4%、7.5%、11.7%、8.4%，增速较上年同期分别加快5.7、8.5、23.2、15.5和16.0个百分点；非织造布产量由于基数影响，同比减少3.2%。在通胀预期加重的背景下，纺织产业链平稳、顺畅运行对于平抑物价发挥了积极作用。另一方面，纺织行业以增品种、提品质、创品牌为重点，有效满足了人民群众日益增长的个性化、多层次产品和服务需求。2021年，全年限额以上服装、鞋帽、针纺织品零售额达到13842亿元，同比增长12.7%，网上穿着类商品零售额同比增长8.3%，两年平均增长7.0%。纺织产品是内销市场相对比较平稳的品类。"双十一"期间，安踏、李宁分别位列体育服饰销售榜单第二、第三位。新锐品牌Beaster和bosie在"双十一"首轮预售中进入了男装销量排行榜前10位。新国潮品牌、时尚品牌快速崛起。

纺织行业是全球化程度最高的工业部门之一。行业在产品设计、原料供应、加工生产、消费流通等价值链各环节都表现出非常高的国际性。作为全球最大的纺织品服装出口国，行业为全球产业链、供应链通畅做出了积极贡献。2021年，全国纺织品服装出口3154.6亿美元，同比增长8.3%，创历史新高。其中，纺织品全年出口额达到1452.0亿美元，受防疫物资出口回调影响，同比增速下降，但两年平均增长仍达到9.9%；服装全年出口1702.6亿美元，同比增长24.0%，为2015年以来最好水平。我国对美欧市场的服装出口同比增长20%~30%，对东盟、日本、韩国等国家和地区的服装出口也均有所增加，规模已超过2020年前的水平。作为"一带一路"上国际优质产能合作的重点领域，纺织行业"走出去"的广度和深度在不断扩大。国际合作方式已经由"产品走出去""产能走出去"开始向"资本走出去""品牌走出去"延展。据商务部统计口径，截至2020年底，中国纺织工业境外直接投资总额达到120亿美元。中国纺织工业联合会数据显示，随着新冠肺炎疫情常态化管理，2021年上半年行业对外投资呈恢复性增长态势，对外投资规模达9.5亿美元，占同期我国制造业对外投资的11.5%。目前，中国纺织企业在海外100多个国家和地区设立了纺织服装生产、贸易和产品设计企业，几乎涵盖了整个纺织服装产业链，呈现出"中国＋东盟＋非洲"的生产力布局模式。东盟、非洲市场的开拓使中国纺织工业出口市场的多元化趋势更加明显，"一带一路"市场正在成为新的增长极，如图1-13所示。

5. 纺织工业是实现共同富裕的重要力量

纺织行业的发展对于推动实现共同富裕具有战略价值。行业具有多业态融合、产业关联紧密、产业纵深长的特征，不仅宽口径、易切入，也兼备高精尖、潜力大的属性。实践证明，我国经济最发达的地区和经济最不发达的地区都在发展纺织行业。特别是近年来产业转移和产业集群的发展在推动区域经济平衡发展中发挥了重要作用。2021年，我国化纤业、纺织业和服装业固定资产投资完成额同比分别增长31.8%、11.9%和4.1%。作为小微民营主体创业的重要空间，行业对于提供就业机遇、创业机

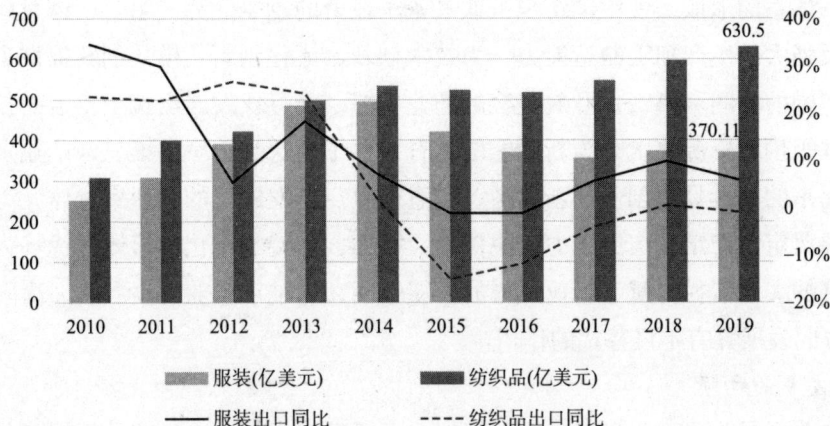

图1-13 中国对"一带一路"市场出口纺织品服装情况
资料来源：中国纺织工业联合会

遇意义非凡。天眼查专业版数据显示，2020年我国新增超过17.6万家纺织相关企业，同比上涨近18%；2021年初，我国从事纺织、纺织服装、服饰的制造业企业有近132万家，其中超七成的相关企业注册资本在100万以下，六成以上为个体工商户。以柯桥为例，2020年，规模以上纺织业产值1097.90亿元，工业总产值占比超过五成，其中，印染产业实现年产值435.52亿元，具有重要的支撑作用；柯桥纺织企业数量基本保持在8600多家，其中，规模以上企业758家，大中小企业融合发展的业态是实现产业间、园区间、地域间的联动与循环的重要途径。产业带动了全社会2000多万的直接就业人口，在助力实现大多数人的社会效用最大化、不断增强人民群众实现美好生活的能力中发挥了建设性作用。

二、中国纺织工业发展的优势与劣势、机遇与挑战

当前，中国纺织工业已经实现了从追赶到引领、从优秀到卓越的飞跃，为行业更好服务全面建设社会主义现代化国家打开了新的局面。但发展不平衡、不充分的问题依然长期存在。中国纺织工业要向着"创新驱动的科技产业、文化引领的时尚产业、责任导向的绿色产业"的发展方向持续推进实现高质量发展，就需要强化和利用发展中积累的优势，着重突破发展瓶颈，准确把握发展机遇，积极应对风险挑战，提升产业链、供应链的稳定性和竞争力。

1. 发展的优势

经过多年发展和积累，中国已经形成了全球规模最大、产业链最为完整的纺织工业门类，并形成了与之配套的包括文化创意、设计、展览、贸易等完整的产业生态体

系。这一体系的形成，使中国纺织工业具备了显著的竞争优势。第一，体量巨大的产业规模及强大的生产加工制造能力，为技术创新、流程创新、模式创新提供了坚实的基础和广阔的空间。第二，开放包容的产业生态，为行业发展汇聚了丰富的技术、人才、资本等创新资源要素，为新动能的培育提供了丰沃的土壤。第三，产业发展过程中成长起来的一批具有创业创新精神、锐意进取、奋发向上的企业家群体，为行业未来的发展奠定了稳定扎实的人力资源保障。第四，独特的文化价值体系优势为行业提供了丰富的文化素材，赋予行业无限的发展空间，对推动产业向高层次、高附加值、品牌化方向发展具有不可替代的作用。

2. 发展的瓶颈

从产业发展阶段看，目前中国纺织工业已经进入成熟期，具有成熟期产业发展的基本特征。行业与产业发展先进国家和后发展国家相比还存在弱势领域，同时面临着转变发展范式、走向价值链高端的时代课题。

一方面是行业全要素生产率有所下降，而以技术创新为核心驱动力的内涵增长动能尚未实现转换接续。当前，传统的依靠要素投入驱动产业发展的规模扩张模式正在快速弱化。以人力资本为例，近年来，由于我国劳动力供给不足、劳动力成本上升等原因，产业要素资源持续紧张，产业生产制造成本不断升高。日本官方调查显示，2019年，中国制造业普通操作员的月均基本工资是同期印度工人工资水平的1.77倍、越南的2.09倍、缅甸的3.1倍。中国制造业的成本优势逐渐被削弱。行业迫切需要以创新能力的快速提升，推动产业向由高水平、高效益全要素生产率驱动的经济增长模式转变。然而目前中国纺织工业的科技创新能力仍有待加强。特别是原始创新和基础研究领域的能力不足，严重制约了产业创新能力的提升。如部分高性能纤维材料、高端装备技术、关键核心零部件等严重依赖进口，部分产品质量可靠性和一致性差，试验验证能力较弱。行业要实现追赶，必须加快探索新模式、培育新主体，加强在基础理论、基础工艺、基础材料的投入。

另一方面，中国纺织服装品牌总体竞争力相对较弱，仍然面临附加值偏低、影响力较弱、话语权较小的困境。如2021年被证监会点名的慕思股份事件，反映出在过去相当一段时间内，部分中国品牌迫于市场压力而选择"蹭洋牌""取洋名"。今天，中国品牌仍难成为高端的代名词，性价比高依然是标签。在由中国产品向中国品牌转变的过程中，行业仍有很长的路要走。

3. 发展的机遇

当前，中国纺织工业发展处于并将长期处于重要的战略机遇期。首先，制造业在实体经济中的地位得到了国家的充分肯定，并将继续作为中国中长期发展的重要战略基石，未来仍是国民经济的重要组成部分，地位不可动摇。其次，构建以国内大循环为主体、国内国际双循环相互促进的新发展格局是党中央根据我国发展阶段、环境变化作出的战略决策，也是中国纺织工业实现高质量发展必须面对的大环境，必须融入的大形势。庞大的内需市场将为行业更好地发挥规模经济、范围经济和网络效应提供有力支撑，也将成为行业推进高质量发展的重要基石。再次，文化自信正在成为产业自信、品牌自信的重要源泉。近年来，随着我国国力和国际地位不断攀升，国人特别是年轻一代，正在树立高度的文化自信与民族认同。从典籍热、文博热到汉服热、文创热，中华文化正以系统化方式汇聚起价值洪流，民族品牌正在迎来前所未有的发展机遇。最后，以信息技术为主导的第四次工业革命正在引发传统制造业的深刻变革，尤其在改变生产方式，提高劳动生产率，降低成本方面优势显著。各项技术的融合创新，为行业实现产业链、价值链的升级和国际竞争力的提升提供了良好机遇。并且"十四五"时期，党中央将科技自立自强作为国家发展的战略支撑，这必然会为行业破解"卡脖子"技术带来重要的政策机遇。

4. 发展的挑战

当前，世界正在经历百年未有之大变局。从经贸关系到治理体系，从要素构成到发展范式，从价值理念到社会心态，都在发生深刻改变。在新冠肺炎疫情的影响下，世界进入了新的变革期。

一是全球经济持续低迷，前景存在不确定性。债务风险、信用风险等不断累积，复合型通胀风险正在显现。如何在经济波动中保持行业发展的稳定性和确定性是我们面临的重要课题。

二是逆全球化思潮正在打破经贸稳定性。新冠肺炎疫情下，国家间的经贸往来、全球产业链创新链的合作均受到一定程度的影响，这也势必将对产业的健康发展造成显著影响。

三是地缘政治格局更加复杂多变，大国博弈日渐激烈。有的国家已将中国视为战略性竞争对手，并通过设置实体清单等形式不断加大对中国企业的遏制。如何适应地缘政治博弈带来的新变数，成为行业面临的重要挑战。

四是全球供应链结构正在持续调整。尽管新冠肺炎疫情仍在蔓延，疫情影响经济社会发展的预期正开始趋于乐观。世卫组织表示，新冠肺炎疫情将逐渐变为地方性流行病。全球供应链的调整开始恢复常态，各国将加快推进以效率与安全为核心的供应链布局。报告显示，全球消费品企业计划三年后加强区域化制造商和本土化制造商选择的占比分别为33%和50%。同时，随着越南、孟加拉国等制造业重点区域产能的恢复，全球对中国供应链的依赖将有所降低。

五是绿色发展已经成为时代发展的重要底色。以减碳为重点，全球绿色规则的制定和出台更加活跃，并开始影响产业的成本结构与竞争优势。从技术看，绿色技术整体处在探索期，同一场景下多种截然不同的技术路线并存，稳定性、性价比尚待检验。从市场看，消费者的环保意识开始觉醒，绿色消费已现端倪，但发展依然偏慢。如何把握好绿色发展的节奏与变化，科学合理推动产业绿色转型将是当前面临的重要挑战。

新形势下，行业需要加快探索产业高质量发展的实践路径，补短板、锻长板，顺势而为，将机遇变成发展动力，将挑战化为机遇。行业要坚持体系化推进、市场化创新、数字化转型、可持续发展，加快构建现代产业体系，全面夯实产业根基，打造产业高质量发展新引擎。

第三节　中国纺织工业高质量发展的关键

一、高质量发展的关键在于提升产业基础能力

产业体系是经济体系的子系统和重要根基。根据国际形势变化和中国产业发展内在要求，党中央高瞻远瞩，将推进产业基础高级化和产业链现代化作为培育现代产业体系、实现产业高质量发展的战略任务和实现路径。2019年8月，习近平总书记在中央财经委员会第五次会议提出，要充分发挥集中力量办大事的制度优势和超大规模的市场优势，以夯实产业基础能力为根本，以自主可控、安全高效为目标，以企业和企业家为主体，以政策协同为保障，坚持应用牵引、问题导向，坚持政府引导和市场机制相结合，坚持独立自主和开放合作相促进，打好产业基础高级化、产业链现代化的攻坚战。2019年10月，《中共中央关于坚持和完善中国特色社会主义制度、推进国家治理体系和治理能力现代化若干重大问题的决定》提出"提升产业基础能力和产业链现代化水平"。2019年12月，中央经济工作会议强调，要健全体制机制，打造一批有国际竞争力的先进制造业集群，提升产业基础能力和产业链现代化水平。2020年5月，中央政治局常务委员会会议指出，要实施产业基础再造和产业链提升工程，巩固传统产业优势，强化优势产业领先地位，抓紧布局战略性新兴产业、未来产业，提升产业基础高级化、产业链现代化水平。2020年10月，在《中共中央关于制定国民经济和社会发展第十四个五年规划和二〇三五年远景目标的建议》中，两次提及产业基础高级化、产业链现代化。

基础夯实才能行稳致远。要实现产业基础高级化、产业链现代化，核心是提升产业基础能力。产业基础能力决定着产业链水平的高低，也决定着产业的整体素质、综合实力和核心竞争力，是推动现代产业体系建设、支撑产业高质量发展的根基和动力源，也是产业降低对国外产业链供给体系依赖，实现自主可控、安全高效发展的必要条件。夯实产业基础能力既符合中国经济社会发展实际，又顺应了产业链自身从初级向高级、从传统向现代跃迁的基本趋势，同时也是应对当前全球产业链竞争加剧的必然要求。

产业基础能力在产业发展过程中具有基础性、长期性和关键性的作用。首先，产业基础能力是产业发展长期积累的结果，如加工生产制造能力等，是产业的立足之本，对行业发展具有基础性支撑作用。其次，产业基础能力在不断变化和完善，是一种逐步发展的能力，对产业发展具有长久的影响，特别是创意设计、科技研发、品牌营销等能力一旦形成，将对产业形成长期的拉动作用。同时，产业基础能力是行业发展到一定阶段的综合表现，关系着产业链的完整性、供应链的安全性以及价值链的高端化，对提升产业链现代化水平具有决定性影响和关键性作用。

作为纺织工业崛起的根基和高质量发展的强大动力，推进产业基础能力建设是当下纺织行业解决各种发展不平衡、不充分问题的迫切任务，也是提升产业发展质量、发展潜力和可持续性以及产业链控制力和竞争力的现实路径。

二、产业基础能力的内涵

产业基础能力具有时代性、民族性和异质性。产业基础能力的内涵和要素体系与构建现代产业体系的要求紧密关联，与相关产业不同历史阶段的发展需求紧密关联。

国务院发展研究中心产业经济研究部李燕认为，产业基础能力对产业发展起着基础性作用，影响和决定产业发展质量、产业链控制力和竞争力的关键能力，具体是指《中国制造2025》中所强调的工业基础能力，其内容包括核心基础零部件（元器件）、先进基础工艺、关键基础材料和产业技术基础等工业"四基"。国务院发展研究中心产业经济研究部许召元认为，产业基础能力是对工业基础能力的一个拓展和补充，主要包括传统的工业基础能力和生产性服务业领域的基础能力（如基础软件）。

中国宏观经济研究院产业经济与技术经济研究所盛朝迅认为，产业基础能力是产业发展的核心和基础的能力，是产业发展的根本支撑条件和动力之源，直接决定了产业链水平的高低。具体包括传统的工业基础能力和服务业领域的基础能力（如基础软件、创新创业生态环境、新型基础设施等）。

中国社会科学院工业经济研究所黄群慧认为，产业基础能力主要包括传统的工业基础能力和现代信息产业的基础能力（如工业软件、操作系统、数据库等）。中国社会科学院工业经济研究所罗仲伟认为，产业基础能力是指产业基础对产业形成和发展的保障程度和推动力度，具体涵盖基础零部件、基础材料、基础工艺、基础技术、基础动力和基础软件等。

中央党校经济学部李江涛认为，产业基础能力考验的是一国各个产业的"综合成绩"，其中涉及各产业的基础理论研究能力、应用基础研究能力、新兴技术产业化能力以及全球产业链管控能力等。

山东财经大学高凤勤、徐震寰、王春春等认为，产业基础能力是支撑产业发展的核心能力和基础能力，主要包括传统的工业基础、基础软件和工业软件等领域的能力。但由于工业软件和基础软件的性质和用途有所不同，两者不能归为一类。

综上所述，各界专家、学者对产业基础能力内涵的共识在于：产业基础是产业发展的基础支撑能力，传统的工业基础能力（即"工业四基"）和生产性服务业领域的基础能力共同构成产业基础能力内涵的主要内容。

经过多年的不懈努力，中国纺织工业的强国建设主要指标已基本完成。随着时代的演进和国际国内形势的变化，纺织产业高质量发展的要求在不断完善和升级，产业基础能力的内涵也在持续丰富和发展。

第四节　纺织工业基础能力的内涵和特征

一、纺织工业基础能力的内涵

纺织工业基础能力，是在纺织工业长期发展过程中形成的，由不同细分领域组成的一种综合能力。纺织工业基础能力既能够通过能力提升推动产业创新发展，也能够通过能力完善为产业持续发展提供基础保障，对产业链、供应链的重塑和价值链的调整都有着决定性影响。

对纺织工业基础能力内涵的探讨主要包含两个方面：一方面是分析并明确纺织工业基础的主要组成领域，另一方面是明确这些领域的研究范畴。

纺织工业基础是纺织基础材料、纺织基础工艺、纺织装备及零部件、产品开发、工业精神、供应链管理、各类共性基础设施和行业公共服务体系等的总和。按照各自与产业发展的关系，把纺织基础材料、纺织基础工艺、纺织装备及零部件等对产业发展具有直接推动和保障作用的领域，统称为硬性基础领域；把产品开发、工业精神、供应链管理等对产业发展具有促进和提升作用的领域，统称为软性基础领域；把质量基础设施、数字基础设施、人才培养体系、公共服务体系等对产业发展具有支撑保障作用的领域，统称为支撑体系。由此形成的硬性基础能力、软性基础能力和基础支撑能力，共同构成纺织工业基础能力。

纺织工业基础能力的具体内涵如下。

1. 硬性基础能力

硬性基础能力，是纺织工业硬性基础领域对产业形成和发展的保障程度和推动力度。硬性基础领域主要体现在纺织基础材料、纺织基础工艺、纺织装备及零部件等领域。

（1）纺织基础材料。纺织基础材料位于纺织产业链的最前端，是支撑现代纺织产业体系建设的物质基础，包括天然纤维、化学纤维及聚合物、油剂和浆料等。

（2）纺织基础工艺。纺织基础工艺是决定新品开发能力、产品结构性能、生产质量和效率的关键因素，具有量大面广、通用性强的特点。纺织基础工艺包括纤维制备、纺纱、织造、染整和制品加工等各个环节的关键工艺技术。

（3）纺织装备及专用基础件。纺织装备的制造是产业价值链的高端环节。装备的先进性是实现产业高质、高产、高效、环保和低成本发展的重要保障，决定着整个产业链的综合竞争力。纺织装备主要包括纤维制备、纺纱、织造、印染、制成品加工等各环节所用的机械装置。专用基础件是指除纺织机械主机外，一些相对独立、专用或通用的装置、专用件、器材和零部件。

2. 软性基础能力

软性基础能力，是纺织工业软性基础领域对产业发展具有促进和保障作用，主要涵盖产品开发、工业精神、供应链管理等领域。

（1）产品开发能力。产品开发能力是产业通过创新创意适应时代新发展、满足消费新需求的能力，是产业向价值链高端攀升的核心能力。纺织产品开发包括纤维、纱线、面料、制成品以及装备产品的开发设计。

（2）纺织工业精神。纺织工业精神是一种渗透在纺织从业者意识深处的精神状态、思维方式、价值标准，为产业实践提供了深层次的动力与支持。纺织工业精神主要包括纺织工业领域的工匠精神、劳模精神、诚信精神和企业家精神等。

（3）供应链管理。供应链管理能力是推动实现降本增效、供需匹配和产业升级的关键力量。供应链管理主要包括纺织行业的质量管理、品牌管理和社会责任管理等维度。

3. 基础支撑能力

基础支撑能力，是指各类共性基础设施和行业公共服务体系等对产业发展具有的支撑和保障作用。主要包括质量基础设施、数字基础设施、人才培养体系和公共服务体系等方面。

（1）质量基础设施。纺织行业质量基础设施主要包括纺织行业的计量、标准化、合格评定（认证认可、检验检测）等内容。加强质量基础设施建设，完善行业质量管理体系，是提升产业经济效益，打造核心竞争优势的关键支撑。

（2）数字基础设施。纺织数字基础设施建设是产业实现新旧动能转换的重要抓手。推动产业进行全方位、全角度、全链条的数字化、智能化改造，既是贯彻新发展理念的内在要求，也是推进产业高质量发展的现实需要。纺织行业数字基础设施主要包括纺织工业软件、工业互联网和大数据中心。

（3）人才培养体系。纺织行业人才培养体系，是指高等教育、职业学校、技工学校、社会化教育等多主体共同参与、产学研相互支持的多层次人才培养体系，是输出高水平人才的重要途径。高素质纺织人才是产业保持创新发展和竞争力不断提升的核心支撑。

（4）公共服务体系。行业的公共服务体系是解决供需矛盾、提升资源要素配置效率的有效形式，对于促进行业融通发展、协同发展具有重要意义。纺织行业公共服务体系建设包括以科研活动为主的科技公共服务平台建设和以服务行业企业为主的综合商务型公共服务平台建设。

二、纺织工业基础能力的特征

1. 基础性

纺织工业基础能力在纺织工业发展中发挥着基础支撑作用。这一基础性作用，体现在构成工业基础能力的基础要素与产业链的关系上。一方面，基础要素是产业链形成的基本条件。从化纤、棉纺、印染、针织到服装、家用纺织品、产业用纺织品，每一个细分领域都是一个相对完整的产业链，它们形成过程的背后是基础要素按照特定需要在一定空间的有机组合和有序流动。离开这些基础要素，产业链将不复存在。另一方面，基础要素的升级发展是产业链水平提升的重要前提。从加工制造环节向研发设计、品牌营销、金融服务等环节攀升，其本质就是各类基础要素共同发展、集成应用的综合体现。没有基础要素的发展，产业链升级也将停滞不前，甚至可能因相对落后而被淘汰。

2. 综合性

纺织工业基础能力对纺织工业发展的支撑是全领域、全方位的，具有明显的综合性特征。这体现在形成纺织工业基础能力的基础要素上。这些构成要素分布的领域十分广泛，不仅包含纺织技术、纺织装备、纺织材料等硬核要素，也有基础研究、产品设计、工业精神等软性要素，还涉及基础设施、人才培养、公共服务等领域。多领域能力集成，正是纺织工业基础能力综合性特征的外在表现。这也体现在纺织工业基础能力的形成过程中。单一要素的发展或突破，固然能够对产业的某一方面和领域起到较大的推动作用，但若失去其他要素的支撑，要素本身的发展不仅会受限，而且其对产业的支撑作用也难得以充分发挥。只有各要素协同发展、相互支撑，形成整体效应，才能推动产业获得整体跃升、实现跨越发展。这意味着，纺织工业基础能力的本质是一种协同共生的综合能力。

3. 关联性

纺织工业基础能力的关联性，表现为内在关联性和外在关联性。内在关联性主要体现在构成要素的发展是互促共进而非隔离孤立的过程。例如，纤维材料的突破发展过程，既有材料的制备技术、制备工艺、加工装备等的重大发展，也会带动纺纱、织造、印染等下游环节技术、工艺、装备水平的提升。这些领域的发展，将会拓展纤维材料的应用领域。同时，终端需求的多样化发展也将反向拉动材料领域的持续进步。外在关联性主要体现在纺织工业基础能力的提升是跨领域、跨学科交叉融合的发展过程。例如，信息、生物、化学、环保、艺术等领域或学科在纺织领域的融合创新与产业化应用，推动了材料、工艺、装备、设计等纺织基础领域能力的持续提升，有力支撑了行业的创新发展。

4. 时代性

产业是时代发展的产物，时代性是其最为鲜明的特征。从人类发展的历史看，产业是随着时代的发展产生、演变的，时代性是产业固有的属性。作为产业的重要组成和关键支撑，产业基础能力必然与产业发展同向共进，也必然具有时代烙印。一方面，构成纺织工业基础能力的基础要素在因时而变、与时俱进。在历次科技革命的推动下，纤维材料从用天然、仿天然向返天然、超天然深入发展，折射出的是不同时期人民对形式美观、功能多元等需求的变化；纺织装备从手工操作到自动化、数字化的转变，再到智能化的飞速发展，背后映射的是人类社会从手工时代到机器时代再到智能时代的巨大跃迁。另一方面，提升纺织工业基础能力，是时代对纺织工业的发展要求，这是一个动态地持续性演进的过程。民生需求、生产要素、技术创新、自然环境等因素的时代演变，既是产业发展的动力来源，也在给产业发展带来不同的挑战。它们与产业发展之间的相互影响和作用，就是产业发展适应时代需求和需要的持续性过程。

第二章 中国纺织工业基础能力的发展现状及国际比较分析

第一节 硬性基础能力的发展现状

一、纺织基础材料

（一）发展现状及差距

纺织基础材料是纺织工业发展的基石。当前中国纺织基础材料产业的发展基本达到国际先进水平，主要纤维的产品品种不断丰富，生产规模较大，纤维产品的质量稳定性较强，纤维功能的先进性和性能的可靠性均较好，高新技术纤维和差别化纤维具有良好的品质、突出的功能，连续化生产技术、大容量生产技术和清洁生产技术为纺织基础材料产业低成本化和环境友好发展提供了有力支撑，综合成本控制水平较为先进，为中国纺织工业高质量发展奠定了坚实的基础。

近年来，中国在差别化、功能化纤维、生物基纤维、高性能纤维等重点领域的技术进展明显，逐步缩小了与国外先进水平的差距。

1. 差别化、功能化纤维技术持续升级

差别化、功能化纤维产品品种与功能更为丰富、品质不断改善。分子结构设计、共聚、共混、复合等多种技术手段不断优化，集原位聚合、在线添加、纤维形态控制等多重改性于一体的工程技术体系初步建立，推动通用纤维的功能改性由单一功能向双功能、多功能复合改性方向转变，形成了较为完善的差别化、功能性产品开发体系。目前中国部分领域关键技术实现突破性发展，达到国际领先水平。例如，中国功能聚酯大容量连续聚合技术及超细聚酯纤维技术、功能聚酰胺大容量连续聚合技术及超细聚酰胺纤维技术世界领先，专利数量和质量水平均超过世界发达国家，相关产品分别约占国际市场的80%、70%。

2. 生物基化学纤维的研发及产业化取得重要进展

莱赛尔、竹浆、麻浆、聚对苯二甲酸混二醇酯（PDT）、聚对苯二甲酸丙二醇酯（PTT）、聚乳酸（PLA）、壳聚糖、蛋白复合等生物基化学纤维实现了产业化，海藻纤维等主要品种突破了产业化关键技术（表2-1）。具体如：生物基纤维原料生物发酵和分离纯化核心关键技术，高脱乙酰度壳聚糖、褐藻酸盐，竹、麻浆粕的量产化、绿色化生产技术取得突破；壳聚糖纤维、新溶剂法纤维素纤维、海藻酸盐纤维和生物基聚酰胺纤维等纺丝、后整理产业化关键原创性技术取得重大突破。

表2-1 中国生物基化学纤维发展情况

品种	发展情况
新型溶剂法再生纤维素纤维（Lyocell纤维）	恒天天鹅和山东英利分别引进国外先进技术，建设了2套1.5万吨/年生产线，已正常生产运行；通用技术集团所属中纺院绿色纤维股份公司"年产6万吨新溶剂法纤维素纤维产业化项目"一次性开车成功，投产后其总产能将达9万吨/年
PLA纤维	安徽丰原掌握了从玉米到乳酸，再到PLA的发酵、提取、纯化、聚合技术及下游PLA纤维和塑料制品的全产业链生产技术，建成了PLA短纤、长丝、纱线生产线；上海同杰良开发了PLA一步法纺丝新工艺、连续聚合体直纺PLA长丝新技术；恒天长江开发了双组分熔体直纺工艺技术，实现千吨级产业化生产
PTT纤维	生物法PDO实现产业化生产，整体技术达到国际先进水平，PTT纤维已应用于纺织服装领域
生物基聚酰胺纤维（PA56纤维）	攻克了戊二胺生物转化多个关键环节技术瓶颈，开发了生物基聚酰胺聚合工艺技术和装备实现千吨级戊二胺和PA56的生产，产品具有良好的吸湿排汗、本质阻燃、染色等性能，应用领域不断扩大
壳聚糖纤维	突破了超高脱乙酰度和超高黏度的片状壳聚糖提取关键技术，开发了纯壳聚糖纤维及其系列制品，实现千吨级产业化生产，产品已应用于服装、医用卫材等领域；相对美国、英国、日本等国家，中国专利数量和质量水平较高
海藻纤维	突破了海藻纺丝液制备、纺丝、原液着色等技术，实现全线自动化生产，建成了5000吨/年海藻纤维生产线，产品已应用于纺织服装、生物医疗、卫生保健等领域

3. 高性能纤维技术不断突破，产业化步伐加快，促进应用领域更丰富

目前，碳纤维、芳纶、超高分子量聚乙烯（UHMWPE）纤维、聚酰亚胺（PI）纤维和聚苯硫醚（PPS）纤维等是中国高性能纤维领域发展的重点产品，关键技术不断突破，产业化步伐加快。

（1）碳纤维。T300、T700、T800、T1000级碳纤维已全部实现产业化，基本满足民用、军用需求；M40、M40J、M55J级高强高模碳纤维已具备了小批量制备能力。根据广州赛奥2020年碳纤维市场报告的统计数据，2020年，我国碳纤维产业运行产能约为3.6万吨，实际碳纤维供应量约为1.85万吨，产量/产能比约为51%，较2019年提升6%，但是与国际普遍的水平65%～85%还有较大差距。"十四五"期间，我国碳纤维及原丝的产能正在快速扩张。据不完全统计，我国已规划及在建的碳纤维产能共计

14.07万吨/年，有望实现国产替代。国产碳纤维主要应用于风电叶片、建筑补强、压力容器等领域，在航空、航天、电子电器等领域的应用也在拓展。

（2）芳纶。国内芳纶技术发展迅速，不断打破国外技术垄断，产业化技术持续突破，多家企业实现批量生产，产品国际竞争力不断提升。华经产业研究院2021年的调研数据显示，目前，泰和新材间位芳纶市场份额居于全球第二位，约为18.9%；泰和新材对位芳纶市场份额居于全球第四位，约为2.3%；民士达芳纶纸的质量、产能和全球市场占有率均居全球第二位。从应用领域看，目前国产芳纶产品主要用于高温过滤、防护、密封等材料中，在航空航天、国防军工等高端领域的应用尚缺乏竞争力。

（3）高强高模聚乙烯纤维。该纤维制备技术主要由荷兰的DSM（帝斯曼）公司、美国的Honeywell（霍尼韦尔）公司以及国内的中国纺织科学研究院、江苏九九久科技股份有限公司、北京同益中特种纤维技术开发有限公司、中国石化仪征化纤股份有限公司等掌握。中国已经成为全球超高分子量聚乙烯纤维最大生产国。截至2019年，中国聚乙烯纤维产量已达全球产量的50%以上。智研咨询数据显示，2020年，我国超高分子量聚乙烯纤维产能4.45万吨，产量2.1万吨，行业产能利用率约为47.19%。超高分子量聚乙烯纤维是军民两用的新材料。2019年，我国军事装备领域应用的超高分子量聚乙烯纤维占比约为25.78%，海洋产业领域应用的超高分子量聚乙烯纤维占比约为24.82%，安全防护领域应用的超高分子量聚乙烯纤维占比约为19.52%。但受限于中国纺丝级专用树脂生产技术，纺丝技术及生产设备水平较发达国家略差，中国本土企业产品主要以中低端产品为主，高端产品主要被荷兰、美国与日本等国家具备核心技术的企业所垄断。

（4）聚芳酯纤维。目前全球仅日本可乐丽公司有年产2000吨的聚芳酯纤维产品。中国东华大学从聚芳酯的合成出发与宁波海格拉新材料科技有限公司联合开展研究，目前已成功研发了聚芳酯纤维产业化成套设备，成功完成中试。

（5）聚酰亚胺（PI）纤维。近年来，中国相关科研机构开始重视PI纤维的研发，推动PI纤维产业实现快速发展。当前耐高温型PI纤维已实现商品化生产；高强高模PI纤维完成小试试验，断裂强度达到3.5GPa，模量为130GPa，总体性能达到国际先进水平。

（二）存在的主要问题

中国虽在化学纤维产业链、规模化与应用开发方面存在明显优势，但仍面临着自主创新能力不足、高新技术纤维多类核心技术和关键设备及应用开发亟待突破、基础化工原料与生物基化学纤维关键原料及核心菌种受制于国外、装备及原料不配套且国际依赖度高等问题。尤其是在一些先进高端纺织新材料的研发和生产方面，与国际先进水平还存在较大差距。

1. 差别化、功能化纤维

差别化、功能化纤维材料制备所需的关键原材料、辅料、助剂等短板依然明显。

功能母粒、油剂、功能添加剂、新型改性剂、催化剂等在纤维差别化、功能化发展以及品质提升和清洁生产中发挥着重要作用，是化纤行业高质量发展的关键支撑材料。目前国产产品以中低端为主，高端高品质产品仍严重依赖进口。以化纤油剂为例，目前中国化纤油剂在质量、技术、品种等方面难以满足高端产品的生产需求，尤其是纺丝牵伸后加工油剂、油膜性能不佳，质量波动大，对纤维染色性能有较大影响。亟待开发湿法纺丝油剂、高性能纤维油剂等。又如锦纶66的关键原料己二腈，生产技术长期被国外垄断，2022年初公开数据显示，世界90%以上的己二腈产能仍集中在欧美地区。尽管我国已经实现己二腈及尼龙66全产业链制备关键技术的突破，但己二腈依然高度依赖进口。锦纶6的直接原料己内酰胺供应呈现两极分化现象，国内中低端产能过剩，高端领域的缺口仍然较大。再如目前中国生产聚酯产品的催化剂以锑系为主，生产废水锑含量超标，严重影响当地的生态系统，亟待发展以钛系或多元复合催化剂为代表的新型环保催化剂。

2. 生物基纤维

中国生物基纤维发展时间短，在核心技术、关键设备、关键原料等方面，还有很多空白点亟待填补。特别是生物基纤维及其原料需要的基因技术、工业微生物技术、生化技术基础薄弱，多数品种处于小试研究阶段，具有自主知识产权的原料品种少，纤维及原料制备难度大、成本高。例如，PET、PA6和PA66、PP、PU等生物基原料及其纤维的研究开发方面，中国目前基本处于空白状态；工业菌种是生物基聚合物及其产品制造的关键核心，中国目前尚未突破相关关键技术，优质菌种多靠引进。

3. 高性能纤维

高性能纤维的基础研究和应用开发中的某些方面尚处于跟跑阶段，仍存在许多问题。这主要表现在：基础理论研究薄弱，一系列关键科学技术尚未突破，自主创新能力不足，导致产品质量的稳定性、一致性和可靠性不高；企业规模小、生产成本高、系列化产品少，特别是高端产品有效供给不足，企业综合竞争力弱；行业上下游发展不同步，纤维、中间材料与制品未能形成有效产业协同，生产与应用脱钩；关键装备、基础零部件、仪表仪器、辅料等质量水平不高，导致生产工艺与装备、纤维与辅料的匹配性不强；行业服务体系不健全，标准、检验检测、认证等不够完善，影响了产品质量提升和应用推广，特别是在高端产业用领域的应用。

（三）发展趋势

随着基因工程、高分子合成改性技术、纳米技术、微电子技术等诸多学科和技术的综合应用，纤维材料正向着多结构、多功能、超性能、智能化和绿色化等方向发展。

一是着眼于产业的可持续发展，原料趋向可再生化、绿色化，即最大限度地利用可再生资源和可回收再利用的原材料；原料加工生态化，即通过技术创新，实现原料利用率大幅提升、原料的加工和使用产生的有害物质大幅减少、能源等物资资源消耗实现最低。

二是通用产品功能化，重点关注吸湿导湿、抗菌、消臭、抗紫外、导电、阻燃、电磁防护、弹性、吸湿排汗等功能性产品。

三是功能纤维智能化，重点关注电子信息纺织品、环境响应（变色、调温、调湿）纤维、能量（热、电、光等）管理纤维、自清洁纤维、智能服装与器件系统。

四是智能纤维柔性化，重点关注纤维的可控设计、器件化、微型化等。

五是产业用纤维高性能化，如质轻、高强、高模、耐冲击、耐高温、耐腐蚀等性能。

六是纤维尺度纳米化，主要体现在细度、吸附性、功能、缓释等性能上，应用于环境、能源、信息、医疗、防护等领域。

二、纺织基础工艺

（一）发展现状及差距

1. 纺纱工艺

目前中国已经是全球纱线生产量最大、纤维应用最广、产品品种最全的国家。2019年，全球80%的60英支以上纱线、90%以上的色纺纱和50%的牛仔布用纱在中国生产；棉纺行业差别化纱线占纱产量比重达到11.1%，较2010年提升了7.8个百分点。纺纱企业从成分、颜色、加工方式和产品结构等多个方面组合创新，大大推动了纺纱工艺的进步，使得纱线种类得到极大丰富。特别是高支纱技术的不断突破，不仅提升中国的纺纱技术水平，也进一步丰富了国产纱线种类。目前中国已实现300英支纱线量产。但从平均纱支看，中国纺纱技术应用以中低端纺纱技术为主。2019年棉纺行业平均纱支为33.3英支，较2010年提升了5.7%。

（1）从技术发展看，环锭纺、转杯纺和涡流纺是中国当前三大主要纺纱技术。环锭纺是传统纺纱技术，技术发展较为成熟，应用广泛；转杯纺和涡流纺是新型纺纱技术，具有纺纱工序短、生产效率高、劳动用工省、加工成本低等优势，技术发展与应用速度快。以棉纺为例，环锭纺、转杯纺、涡流纺纱的产能占比已由2010年的88∶11∶1调整为"十三五"末的74∶22∶4。与其他新型纺纱技术相比，环锭纺在原料适用性和成纱质量上有着显著优势，发展前景仍然较好。

近年来，中国纺织龙头企业与高校通过产学研合作，对环锭纺技术进行了改进和改造，开发出赛络纺、赛络菲尔纺、紧密纺和索罗纺等纺纱技术，能够进一步改善成纱结构、提高纱线质量。例如，由山东如意集团等联合研发的"高效短流程嵌入式复合纺纱技术"，突破了运用传统纺纱技术生产高档、高品质产品的技术参数最高极限，分别打破毛纺纺纱支数和棉纺纺纱支数的世界纪录，即细羊毛可纺支数从180公支提高到500公支，长绒棉可纺支数从300英支提高到500英支；同时也大幅降低了传统纺纱工艺对纤维材料技术、等级的起点要求，即可用低等级纤维原料及落毛、落棉等下脚料纺高支纱。武汉纺织大学与际华三五四二纺织有限公司联合研发的"普适性柔顺光洁纺纱技术"，该技术生产的纱线表层致密光洁、结构柔软、品质高。

（2）特色生产工艺。在纺纱技术的创新发展过程中，也形成了一些具有鲜明特点且应用广泛的特色产品的生产工艺，最具代表性的是花式纱线生产工艺。花式纱线生产工艺主要包含生产花色纱（又称色纺纱）、花式纱和综合花式纱三种工艺；其中，花色纱生产工艺发展最快、应用最广。色纺纱工艺具有生产环保性好、纤维适用范围广等特点，其生产的纱线制成纺织服装色彩丰富、风格多样，符合市场消费需求。受需求增长带动，色纺纱工艺在中国发展较快，历经30余年发展，生产工艺进展显著，达到世界领先水平；色纺纱产量实现大幅增长，占全球比重已超过90%。近年来，纤维混合技术、计算机测配色技术等与色纺纱技术的融合创新，使色纺纱工艺适用纤维品种不断扩大，纱线的品种和色彩更加丰富，应用领域向童装、运动户外服装、衬衫、西装、正装、牛仔服装、家居服饰、特种用途服装、家纺用品等方面拓展。

2. 织造工艺

中国在传统纺织品领域的织造能力与工艺水平已位居世界前列。目前全球高档衬衫色织面料生产量的60%左右，高档牛仔面料生产量的30%左右在中国。产品产量与质量的大幅提升，依赖于生产技术的进步。中国已经掌握高支高密织物的生产技术；突破了纯棉四面弹、细旦超柔软、长丝高仿真、特种功能等产品生产工艺的关键技术，并实现了产业化应用；突破了高压上浆、棉经纱/精纺毛纱热熔上浆、长丝干法上浆、泡沫上浆等技术，进一步提高了织造工艺的节能减排水平。其中，中国经纱泡沫上浆关键技术及产业化应用已达到国际领先水平。但与国际先进工艺相比，中国在三维织造等先进织造工艺和绿色制造工艺方面还有明显的短板和差距。

（1）在三维织物织造工艺方面。欧美等国家研究起步较早，已经能够规模化生产多种形状和结构的三维机织物，加工成三维纺织复合材料后成功应用于航空航天、民用基础设施、医疗防护等领域。国内目前虽已初步完成三维织造工艺、结构设计、仿真模拟、力学性能研究等方面的技术积累，但三维机织物的制备大部分基于传统的二维机织技术和设备，尚未实现高厚度三维机织物的织造与生产，仍然处于织造自动化程度低（手动或半机械状态）、织物种类单一、产量低的困局，且只有少数研究机构能够建立起基于传统织机的小批量2.5维机织物中试流水线。另外，为三维纺织复合材料应用而开发的复合材料技术、三维织物的标准测试方法、三维织物性能数据库等，目前还没有系统化、规模化建立，这也进一步阻碍了三维机织工艺的发展与应用。

（2）绿色浆纱工艺的关键核心。关键在于浆料的环保型、浆料的用量以及生产的能耗。目前发达国家特别是欧洲各国已经禁止在浆纱过程中使用聚乙烯醇（PVA）作为上浆剂。受市场需求驱动、织造工艺稳定性和成本等因素影响，中国目前仍然有约50%的棉及棉型织物在生产中使用PVA，完全不使用PVA的织物仅占约1/5。与国外相比，中国新型环保浆料的开发与应用发展缓慢，PVA浆料依然占据主导地位，但随着浆纱工艺的进步，浆料用量在不断下降。半糊化、常温无PVA环保浆纱工艺技术的快速发展，使PVA的使用量已逐步下降至15%左右。

3. 针织工艺

针织工艺因具有原料适应性强、生产流程短、编织灵活多变等特点而应用广泛。近年来，随着新型原料的开发、装备技术的突破和消费需求的升级，中国紧跟国际先进针织工艺，在提花、成形、短纤纱经编等工艺方面得到了快速发展，形成了生产优势和市场优势。在提花工艺领域，高速提花、高密提花、复合提花、立体提花和成形提花等高档针织提花工艺、装备及配套系统研究与应用得到了快速发展。在成形工艺领域，中国针织企业已广泛利用成形编织工艺，开发出无缝内衣、全成形羊毛衫、无缝运动服装、鞋材等成形产品，显著提高了针织产品的舒适性和功能性，实现了针织服饰的定制化、快速化生产。在短纤纱经编工艺领域，随着原料生产技术和加工方法的不断进步，以及经编机械设备的不断发展，中国短纤纱经编生产工艺已达到国际先进水平。整体来看，中国针织工艺水平处于跟跑阶段，高端针织工艺仍落后于国际先进水平。

（1）精细、高效、复杂提花工艺差距明显。虽然中国在针织提花的工艺原理研究、核心部件与装备研制等方面均取得了一定突破，但是在高机号提花、大位移和大力矩提花、精密数字提花、高效复杂提花以及控制系统的稳定性等方面仍与国际先进技术存在一定差距。一方面受限于设备的机号、机速、成圈系统数等规格参数的合理选择，另一方面也对操作人员的工艺水平及计算机辅助设计系统提出了更高的要求。如在经编提花领域，德国Karl Mayer（卡尔迈耶）公司基于设备创新实现了经编双贾卡提花与间隔织造的结合，推出了经编4D提花工艺技术，可在传统经编间隔织物表面实现凹凸花型的精细外观编织，花型形状、位置、高度以及网眼分布均可自由调节，国内尚未出现此类技术，仅仅停留在3D间隔提花工艺水平；在横编提花领域，德国Stoll（斯托尔）和日本Shima Seiki（岛精）是高效复杂提花编织工艺方面的翘楚，斯托尔的直接喂纱技术可以通过一种导纱器实现多针距、变针距、嵌花、添纱、毛圈、衬经和衬纬等编织，岛精通过最多可配置40把嵌花导纱器的电脑横机实现了复杂、高附加值嵌花产品的高效率生产，在提花工艺复杂程度上，国内尚处于跟随阶段。

（2）高性能纤维编织工艺有待进一步拓展。尽管中国在针织工艺研究与产品开发方面取得了长足的进步，但是用于芳纶、碳纤维、聚酰亚胺纤维、玄武岩纤维、金属纤维、聚醚醚酮（PEEK）纤维、形状记忆纤维等高性能纤维加工的多轴向编织、三维间隔编织、成形编织等针织工艺技术，与国际先进技术仍存在明显差距。如在多轴向编织工艺方面，国内多用于编织玻璃纤维产品，在生产碳纤维多轴向织物方面仍不如美国、德国、法国、英国、挪威等国家；国内已成功实现对镍丝经编网的编织及其在卫星天线上的应用，但是在编织速度方面还稍逊于国际先进水平；在三维间隔编织工艺方面，国内多用于衬垫材料、鞋材、充气材料、防护材料等领域，国外已进一步用于建筑工程、航空航天、智能可穿戴等领域。

4. 染整工艺

（1）染色、印花和后整理。近年来，中国印染行业的工艺技术水平紧跟国际步伐，得到了快速发展，部分企业的染整工艺已经达到了国际先进或领先水平，其优秀的面料品质以及在推动节能减排、提高生产效率等方面的进步都得到了认可。在染色领域，染色加工技术主要以水介质染色（浸染、轧染）为主，工艺相对成熟，部分企业可达到国际先进水平；小浴比间歇式染色技术的应用比例在不断提高，气流染色浴比可达到1∶3～1∶4，能够满足各种纤维、纱线以及面料的染色加工；棉冷轧堆染色技术、活性染料无盐染色技术、超临界二氧化碳无水染色及溶剂染色技术等一批关键技术取得突破并实现产业化应用。在印花领域，目前圆网印花和平网印花技术依然占据主导地位，工艺比较成熟，部分企业可达到国际先进水平。但随着市场对个性化、定制化以及环保的要求越来越高，数码印花、冷转移印花、无尿素印花、免水洗印花等一些新型印花技术的应用比例进一步提高。华经产业研究院报告显示，2019年，纺织数码印花布产量约为19亿米，约占国内印花布总产量的11%，占到全球数码印花产量的44%。在后整理领域，中国仍以传统的物理机械整理、涂层整理以及覆膜整理等常规技术为主，同时在泡沫整理技术、纳米技术、等离子体技术、微胶囊技术、生物酶技术、石墨烯整理技术等高附加值新型加工技术的开发与应用方面取得明显进展。但排汗吸湿、抗菌除臭、防伪及阻燃等功能整理工艺，与国外先进水平相比还存在较大差距。

（2）非水介质染色技术。在成本与环保压力的双重叠加下，中国非水介质染色技术的水平持续提高，但在产业化水平方面与国际先进水平仍存在一定差距。例如，在有机溶剂染色领域，德国率先申请了溶剂染色的专利，通过三氯乙烯、全氯乙烯等氯代烯烃溶剂代替水介质，采用分散染料上染涤纶；日本在进行大量研究后发现了对环境友好的氟代烃，但由于工艺不成熟，最终未能完成产业应用。中国浙江理工大学利用D5（十甲基环五硅氧烷）作为非水介质，开发出活性染料／D5悬浮体系染色方法。上海工程技术大学"非水介质染色关键技术研究与产业化示范"国家重点研发计划项目，采用两种不同的原创性关键技术体系（硅基非水介质染色关键技术和极性/非极性二元非水介质染色关键技术）来达到染色全过程节水95%、污水零排放的目标，该项目已经成功立项和实施，并先后在海宁、新疆等地区建厂投产，关键技术路线的可行性已经在实验室、小试和中试中得到验证，有待大规模产业化验证及应用。在其他无水染色工艺方面，英国Alchemie Technology公司采用非接触式喷头在室温条件下将微米级的液体染料高速喷射到织物表面完成染色，可减少95%以上的废水，降低85%能耗，降低50%以上的成本，目前已成功用于机织物的染色；荷兰DyeCoo公司开发的超临界二氧化碳染色工艺目前已经在很多企业实现产业化应用。通过对比发现，国内外都非常注重无水染色技术的研究，但中国在推动相关工艺产业化应用方面还存在一定差距。

（3）无盐或低盐染色工艺。无盐或者低盐染色工艺是减少污水排放、实现绿色环保的重要途径。国内外主要关注开发低盐活性染料、纤维素纤维阳离子改性、无盐染色助剂开发三个方面。国外一些染料公司对染料母体和活性基进行了筛选和改进，开发低盐染色用活性染料。Ciba（汽巴）公司推出的CibacronLs染料染色时用盐量是一般活性染料染色的1/4～1/2；日本住友公司提出一套适用于sumifux supra系列染料的染色方法，称为LETfS染色法，其无机盐用量仅为传统工艺的1/3～1/2；DyStar（德司达）公司推出的适合无盐染色的RemazolEF系列染料，无机盐的使用量为常规工艺的1/3左右。之后很多研究机构和企业开始注重对纤维素纤维的阳离子化改性，来提高纤维与染料之间的亲和力，减少无机盐的用量，目前已形成很多研究成果，但真正实现产业化应用的不是很多。中国虽然对相关研究的起步晚于国外，但青岛大学牵头研发的活性染料无盐染色技术突破了传统染色理论和无盐染色技术瓶颈，创建了基于活性染料电中性分子反应的无盐染色新理论，开发了全色谱系列无盐染色专用活性染料和固色碱剂。在成套技术及装备创新开发的基础上，该技术的织物染色一次成功率达到98.5%，并在鲁丰织染、愉悦家纺和孚日集团等多家企业的服装面料、毛巾类织物和家纺面料生产过程中取得了产业化应用，进一步缩小了与国际先进水平的差距。

（4）信息化建设。染整工艺正加快构建在信息基础设施之上，数字化、智能化发展水平处于纺织产业链工艺的前列。截至2019年底，中国印染行业有8个项目入选国家智能制造专项。通用基础信息技术的应用驱动着产业的装备更新、流程再造和组织重构，自动化、数字化、智能化印染装备及数字化管理系统在印染行业大量普及，印染全流程信息化、精细化水平大幅提升。"十三五"期间，印染行业单位产品水耗下降17%，水重复利用率从30%提高到40%。

5. 非织造工艺

非织造工艺是产业用纺织品行业的应用规模最大的工艺。近年来，中国大力引进先进技术，并在熔融纺丝成网工艺（又称纺粘法）、纤维素纤维纺丝成网工艺等领域取得了较大进展，推动行业实现飞跃式发展。历经十几年发展，目前中国已成为全球最大的非织造材料生产国和贸易国。非织造布是防疫物资的主要原材料。新冠肺炎疫情肆虐，全球对口罩、防护服、消毒湿巾等防疫物资的需求呈爆发式增长，2020年，我国非织造布产量878.8吨，同比增长35.86%，产量占全球的40%左右。产业的快速发展离不开生产工艺的有力支撑，但中国非织造布工艺与国外先进工艺的差距显著，尤其是闪蒸法纺丝工艺发展几乎停滞不前。

（1）熔融纺丝成网工艺。熔融纺丝成网工艺是当前中国非织布行业应用最广泛的工艺，产量占非织造布总产量的近一半。但国内技术水平与国际先进水平相比，还有较大差距。例如，目前中国纺粘纤维细度为1.8～2.0旦尼尔，仅有极少机型可接近1.3旦尼尔，而国外先进国家的纺粘纤维细度为1.0～1.1旦尼尔，典型的可达0.7旦尼尔；国产纺粘产品的断裂伸长率很少能小于70%，而国外产品可达40%～50%。近年来，双组分、多组分复合纺粘法成为先进工艺开发的主要方向。发达国家已能制造任何双组分复合纺丝纤维截面结构的产品，并在三组分、四组分纤维工艺上取得了突破。中国目前虽已开发出双组分复合纺粘法的热轧和水刺等产品，但大型双组分生产线基本都需要从国外引进，发展仍要借鉴国外的工艺技术，使用授权生产的专利产品。

（2）闪蒸法纺丝工艺。闪蒸法纺丝工艺是非织造技术的"顶级工艺"，具有超高的纺丝速度、纺丝溶剂量少（与干、湿法比）；该工艺制造的纤维具有高强、质轻等优点，直径在400～1000nm。目前，美国杜邦公司是全球唯一掌握该技术和产品产业化能力的公司，TYVEK（特卫强）是其产品的商品名。受制于国外专利保护制度，国内闪蒸法纺丝工艺一直处于探索阶段，以天津工业大学、厦门当盛新材料有限公司等为代表的纺织院校和设备制造企业在此方面开展了一些研究和产业化探索，在小试工艺技术、装备等方面也取得了一些阶段性成果，距离产业化应用仍任重道远。对于闪蒸工艺的关键步骤——闪蒸纺丝用溶剂配制中主溶剂的选择进行深入研究的企业和人员屈指可数。

（3）纤维素纤维纺丝成网工艺。在纤维素纤维纺丝成网工艺方面，国外依然保持全面领先。以Lyocell溶/熔喷成网技术为代表的纤维素纤维纺丝成网工艺，国外在20世纪60年代末就取得了较大进展。Lenzing（兰精）公司是该领域的典型代表和技术引领者之一。2019年，Lenzing公司采用最先进工艺生产的Web Technology，产品克重15～60g/m²，纤维直径范围为5～40微米。中国刚刚突破Lyocell纤维成套生产装备、工艺、安全、自动化控制技术和工程技术系统，具备了工程设计、工程实施和产业化快速推广的技术能力。典型代表企业如中国纺织科学研究院2018年成功研发出大型薄膜蒸发连续溶解脱泡一体化成套技术与装备以及高黏弹性纺丝原液的干喷湿法纺丝技术与装备，以及NMMO溶剂低温蒸发浓缩回收技术与成套装备。

（二）存在的主要问题

近年来，新型纺纱技术、新型织造（梭织）和针织技术、印染后整理高新技术以及非织造关键技术等快速发展，但先进技术的推广应用力度仍需加大。行业技术升级与创新主要集中在具有一定综合实力的大中型企业，受成本、人才等多方面因素影响，先进工艺技术在广大中小企业的推广应用中存在很多问题。例如，过度关注工艺升级带来的风险，对工艺创新和绿色升级缺少主动性；由于很多小企业实力不足，缺乏研发人员与研发资金投入，使先进工艺难以较好利用并带来更多经济效益，进而挫败了企业积极性；行业技术推广平台和机制有待完善，技术推广应用需要精准化。

先进装备和先进工艺的结合不够紧密。通过工艺优化或创新来丰富产品品种、改善产品品质，是企业提升经济效益和产品竞争力的重要手段。纺织企业在技术改造中非常重视引进先进设备，但对先进设备的应用开发不够，经常是一流的设备生产常规化的产品，高额的设备投入主要带来生产效率的提高，而不是产品的深度开发和附加值的提高。企业应更加重视通过工艺的进步来实现产品的进步和升级，更加满足个性、多元的消费需求。

（三）发展趋势

未来，全产业链上下游的高质量、高附加值、绿色化、低成本是生产工艺发展的重要方向。

一是高质量产品生产工艺。以材料创新、技术创新、装备创新融合提升生产工艺水平。如在纺纱环节，开发和推广中、高支纱的生产工艺是主要发展趋势。

二是高附加值产品生产工艺。以差异化、功能化、高端化为特征的纺织产品生产工艺是未来的趋势。如在织造环节，三维织造工艺以及精密提花、多轴向、三维间隔、全成形等针织生产工艺是重点发展方向。在非织造布领域，为满足细旦非织造布产品的市场增长需求，纺粘工艺、闪蒸工艺、熔喷工艺将加快向纤维细旦化和微细旦化的方向发展。

三是绿色生产工艺。如在织造环节，研发PVA回收技术、开发新型绿色环保浆料替代PVA、优化或革新上浆工艺以减少浆料用量及废水排放是未来绿色上浆工艺的重点。如加快突破溶剂上浆、热熔上浆等新型上浆技术等。在染整环节，以非水介质染色、溶剂染色、无盐染色等为代表的染色工艺的开发与推广是行业发展的重要着力点。

三、纺织装备及关键零部件

（一）发展现状及差距

1. 纺纱装备

目前中国纺纱产能占全球的一半左右，是全球最大的纺纱装备生产国和消费国。"十三五"期间，我国纺纱设备水平全方位提升。新型高产梳棉机、新型自调匀整并条机、自动落纱粗纱机、自动落纱细纱长车、自动络筒机等先进设备的占比不断增加，其中自动络筒机占比从"十二五"末的85%上升至"十三五"末的98.9%。在工序的连续化方面，环锭纺清梳联、粗细联、细络联、自动打包入库等连续化技术被大量采用。"十三五"末我国粗细联、细络联数量已达到1060万锭，喷气涡流纺纱机达到25.6万头（表2-2）。

表2-2　先进纺纱装备应用情况

机器类型	2010年	2015年	2020年
喷气涡流纺（万头）	7.95	13.5	25.6
粗细联+细络联（万锭）	25	230	1060
新型转杯纺（万头）	33	85	187

资料来源：《中国棉纺织行业2020年度发展研究报告》。

近年来，国内很多纺纱机械设备供应商的自主创新意识不断增强，从大容量、连续化、自动化、智能化技术到专用基础件制造工艺技术等方面都有新的进步和发展。尤其是智能化方面，带传输系统、信息化控制系统的"清梳联+粗细联（细络联）+自动打包"装备已在纺织企业中推广应用，江苏大生集团、山东华兴纺织集团、新疆溢达纺织有限公司等企业建成了纺纱数字化车间、纺纱智能工厂，并取得了显著的效果。纺纱设备自动化、信息化水平全面提升。行业万锭用工从"十二五"末的60人，降至"十三五"末的48人，劳动生产率大幅提升。但在自调匀整并条机、全自动络筒机、全自动转杯纺纱机、喷气涡流纺纱机等重点机型方面，国外依然占据绝对优势。

（1）在自动络筒装备领域。技术领先的依然是德国、意大利和日本等国家。国产装备主要在槽筒、捻接器和电子清纱器等专用元器件方面较为落后，部分产品进口依赖严重。例如，电子清纱器使用的是乌斯特和洛菲的技术研发成果，空气捻接器、水雾捻接器和机械捻接器依然以进口为主。

（2）在并条设备领域。大部分国内纺纱企业依然采用以瑞士立达为主生产的并条设备，其双眼自调匀整并条机RSB-D 26和单眼自调匀整并条机RSB-D 50的出条速度最高达1200m/min，设备具有较高的检测精度、改良的棉条和纤维引导，具有高动态特性的自调匀整电动机以及精确圈条系统。这两款并条机的平均出条速度最多可比之前的机型高出33%，同时能够确保优异的棉条质量。与此相比，国内设备供应商的差距具体体现在自调匀整核心控制技术、机械设计的理念、机械的制造工艺、材料选择、元器件的配套等方面。因此加大关键设备核心技术攻关非常关键。

（3）在新型纺纱设备领域。转杯纺和喷气涡流纺是最具代表性的装备。转杯纺装备方面，中国企业以中端产品为主，高端产品技术尚未突破。目前，在半自动的中端转杯纺领域，国内发展较快的企业有日发、泰坦等，相关产品已占中国市场份额的50%～60%，但在自动化水平、纱线品质控制等方面与国外同类产品间还有差距。高端转杯纺设备往往具有全自动的纱线品质监控系统，可实现高度的自动化和生产灵活性。全球市场被国外公司所垄断，赐来福和立达是典型代表，其产品在中国企业应用较多。如Autocoro系列和R系列全（/半）自动转杯纺纱机，转杯实际转速可达6万～18万r/min，引纱速度在150～350m/min。

（4）在喷气涡流纺纱装备领域。国内企业主要以设备引进和吸收应用为主，在自动化智能化程度、生产效率以及纱线品质等方面已接近国际先进水平，但在纺纱速度、机器性能的稳定性以及噪声控制方面还存在很大的提升空间。同时自主创新能力与水平仍需加强，设备的市场推广与完善仍需较长时间。例如，日本Muratec（村田）公司生产的喷气涡流纺纱机全球领先，市场占有率高；VORTEX 870 EX涡流纺纱机，纺纱速度可达550m/min，纱线支数能够达到75英支，原料适应范围也得到大幅扩展。瑞士RIETER（立达）公司生产的喷气涡流纺纱机整体水平弱于村田公司，但提升较快。中国华方新技术科研有限公司在引进基础上生产的HFW80型喷气涡流纺纱机，机型为单层单面式，由16～80个锭子组成，纺纱速度可达450m/min；自主研发设计了喷嘴，采用了四罗拉超大牵伸、全自动的无接头纱控制系统和可视系统，对纤维有较好适纺能力。

2. 机织装备

中国机织装备技术进展明显，国产自动穿经机实现产业化应用，打破了国外垄断；剑杆织机、喷气织机和喷水织机等国产常规性产品已达国外同类装备的中等和高等水平，在国内市场的应用高于进口装备。但在技术创新方面，国外优势依然显著。例如，地毯织机长期被国外垄断，至今未取得明显突破；国产化装备综合性能方面提升空间还很大；领先装备被国外率先突破等。

（1）在剑杆织机领域。国内常规剑杆织机的水平有了很大的提高，主要高档机型厂商的产品性能已接近国外同类机型水平，并有一定量出口，体现了较高的性价比。但在特种剑杆织机领域，由于其产品投资大、技术难度高、产品供应特殊行业、不易转型、市场份额有限等原因，国内发展缓慢。如在双层剑杆起绒织机方面，现在由比利时Van De Wiele（范德威尔）公司一家独大，国内刚刚进入样机试运行阶段；在地毯剑杆织机方面，国内多为仿研制造国外先进设备的早期机型，如仿制英国较早期的HF-A02型阿克明斯特地毯织机，已处于销售阶段，仿研德国Schönherr（圣豪）公司ALPHA 300系列织机（当前最先进机型为ALPHA 500系列）已处于试制阶段。

（2）在喷气织机领域。自2011年打破国际垄断以来，国产喷气织机已形成高性价比优势，但在多品种的织制适应、引纬过程气流的精确控制、快速反应以降低气耗、控制系统的智能化、信息化技术应用等方面，仍逊于国际先进水平。例如，在车速方面，国产主要喷气织机厂商机型最高演示车速为1100～1460r/min，实际应用车速达580～720r/min，而国外机型最高演示速度可达2000r/min，稳定织造速度也可达1000～1400r/min；在品种适应性方面，国产设备多生产传统的短纤坯布、衬衫面料、床单布等，国外设备已扩展到高档服装面料、厚重牛仔布、安全气囊、汽车内饰面料等高附加值领域；在降低气耗措施方面，国产喷气织机普遍采用对引纬过程实施闭环控制，提高探纬精度或优化钢筘通道内气流等技术措施，与欧洲机型引纬过程采用动态控制，由智能控制系统快速检测、高速处理、高速响应的电控技术相比，尚有一定距离，这需要高性能的电子平台配套，也是国产机型发展的方向。

（3）在喷水织机领域。国产喷水织机近年来在车速、织制品种、整机制造工艺水平等均进步显著，制造技术十分成熟，国内外市场占有率也很高。但在高速工况下整机的稳定性、可靠性、自动化、品种适应性等与国外仍有差距，且国内多数厂家创新能力不强，缺少核心关键技术，机型同质化问题比较严重。在绿色化生产方面，喷水织造废水的高效处理与回用技术推广应用有待进一步突破。以长丝织造产业为例，该产业纤维加工总量占到纺织行业纤维加工总的量36%，超过90%的生产由喷水织造完成，年生产废水5亿吨，但废水处理后回用率不到70%。

（4）在自动化、智能化织造装备领域。当前中国在多个生产环节的自动控制功能和智能化水平得到了进一步提升，如整经机自动装筒、整经张力自调、整浆一体化、调浆质量在线检测、浆纱张力自调匀整、上浆质量在线检测、浆纱机自动上落经轴、高效自动穿结经、纱架自动装纱与智能喂纱、经纱上机张力自调补偿、纬纱张力自调、坯布疵点机上自检测等，但是主要体现在代替人工操作和织造工艺参数监测方面。

在具体实现织造工艺分析、实现大数据生产优化管理方面，相比日本、欧洲装备，目前尚未有更贴近生产实际的发展。同时受行业配套供应商技术水平以及广大中小企业创新提升能力限制，各工序间尚未实现完全互联互通，数据资源的快速整合配置还有待进一步完善，因此构建智能化织造生产线尚需时日。此外，虽然某些工序通过加装数据采集器的方式实现了数据的实时采集，并自动上传至发数据服务平台，但是行业缺少对数据进行分析、整理和处理的技术和软件，很难将数字化系统的优势完全发挥出来，因此织造装备领域的信息化、智能化水平仍有待进一步提高。

3. 针织装备

当前中国针织装备的制造技术，特别是智能控制技术已达到一定的水平，且具有较强的性价比和竞争力。如国产电脑横机已普遍采用机头快速回转、积极张力调整、动态密度控制、多针距、全成形等新技术，同时设备系列齐全，可以满足不同机号、不同类型服饰的要求，且机器速度已达到1.77m/s的国际水平；国产双针床经编机、多梳机、多轴向机在幅宽、机号、速度上与国外水平已相差无几，如国产阔幅经编机工作幅宽接近300英寸❶、双针床经编机机号达到E32，多梳机最高可配备119把梳栉且配置方式各不相同，高速多轴向经编机速度可达1350r/min，均接近国际领先水平；在智能化方面，国内创新活跃，如照相自停、远程监控与故障诊断、机器人上纱等已应用于经编机，纱疵智能检测、自动清纱复接、电子选针器实时监控等已应用于圆纬机，装备生产效率和智能

---

❶ 佶龙机械的GET3宽幅经编机，其幅宽达7.57m（298英寸）。文献资料《2020中国国际纺织机械展览会暨ITMA亚洲展览会经编机述评》，2021年发表于《针织工业》。

化水平进一步提高。但整体上，中国针织装备与国外先进差距仍明显。

（1）经编机。在高速、高效、节能方面与国际先进水平仍有一定差距。在速度方面，国产经编机通过对成圈件传动曲轴连杆机构的优化，动平衡设计水平的提高，高强轻质碳纤维增强材料在成圈机件床体的应用，设备生产速度已达到3100r/min，但距离国外设备4400r/min的速度还有一定差距；对于电子横移高速经编机，国产机器最高速度为1500r/min，同样落后于机速最高达2100r/min的国外设备。在细针距方面，德国Karl Mayer（卡尔迈耶）高速经编机机号已达E50，国内最高机号为E36。在低能耗技术领域，卡尔迈耶在全新HKS 2-SE高速经编机上，应用了低能耗技术（LEO），可降低13%的能耗；国内在低能耗技术方面尚未引起足够重视。未来应加快对低能耗技术的研发，带动针织行业绿色发展。

（2）圆纬机。整体技术与国外先进水平存在一定差距。主要表现在细针距化、短流程化、无缝成形三大方面。细针距圆纬机（E≥40）可编织花型更加细致薄型的高附加值产品，但其对于机械制造配合精度、电子选针器响应速度、电脑控制技术、机电一体化水平要求也更高。当前，意大利Santoni（圣东尼）单面圆纬机机号达到E90，双面圆纬机机号亦可达到E60，国内通过技术攻关，已经能够生产E50的细针距针织装备（福建泳力泰），双面圆纬机机号可达E46（泉州精镁），距离国外先进水平仍有一定差距。在细针距电脑提花圆纬机方面，目前国内推出的单面和双面电脑提花机的最高机号分别为E36和E38（厦门兴全龙），德国Terrot（德乐）推出了E40设备，其在细针距电脑提花圆机方面居国际领先水平，这也表明电脑提花机要在更高机号方面取得突破难度大于多针道机。在短流程方面，中国大陆尚属空白。德国Mayer & Cie（迈耶·西）、德乐和中国台湾佰龙分别推出了集纺纱和针织于一体的针织圆纬机，其通过将细纱、清纱和针织集合或连接在一起，可缩短生产工艺流程，减少能耗和占地，同时可获得纱线结构变化丰富、织物柔软舒适的针织产品。在无缝成形方面，国内单/双面无缝内衣机的水平逐步向意大利圣东尼公司系列机型靠近；在电脑控制一体化袜机方面，国内尚处于模仿、跟跑阶段，缺少具有自主知识产权的技术，同时在机号方面，国产袜机也稍逊于意大利罗纳地公司的E40高机号丝袜机；在医疗袜机领域，德国Merz（迈兹）公司和意大利罗纳地公司专业水平最高，国内尚处于起步阶段。

（3）电脑横机装备。发展较快，但在高端技术方面与国外仍有一定差距。德国斯托尔公司和日本岛精公司依靠持续的技术创新、精湛的制造技术，始终引领电脑横机行业的发展。近年来，国产电脑横机逐渐缩短了与国外先进技术的差距，但在嵌花、纱线张力控制、智能送纱、单级选针等方面还需进一步完善。如斯托尔、岛精推出自跑式导纱器机型，导纱器受步进电动机驱动，不依赖机头的带动，减少机头空程，使机头分体，采用上喂纱，使纱线张力减小，运行高速化，编织效率高，国产横机未有应用；斯托尔和岛精都开发了线圈长度自动控制系统，以保证织造中纱线张力恒定或定长送纱，国内尚未开发应用。

4. 染整装备

中国印染装备制造领域产品升级和技术进步不断加快，高能耗、高水耗的落后生产工艺设备正在逐步被节能、节水、环保、高效的生产设备所替代。国产染整设备在性能上整体正逐渐接近欧洲同类产品水平，少数已超越欧洲同类产品水平，现有设备中60%以上达到国际先进水平。国产染整设备性价比高、工艺适应性好、售后服务及时，已对国外企业形成了一定的竞争优势。例如，筒子纱数字化自动染色成套技术与装备是世界首家突破全流程自动化染色技术；自主研发的气液染色机，解决了一些长期困扰传统喷射染色机的织物折痕和匀染性问题；数码喷墨印花机已达到中高端水平，国产设备保有量由2017年的约25000台增至2019年的约29100台。但在先进染整装备和关键零部件方面，仍然有较大的提升空间。如以超临界二氧化碳染色为代表的非水介质染色技术和以喷墨印花打印喷头为代表的关键零部件。

（1）超临界二氧化碳染色设备。国外对超临界二氧化碳染色设备的研究起步较早，由荷兰DyeCoo公司开发的超临界二氧化碳染色设备是全球首个且商业化比较成功的无水染色设备，DyeOx的染色单元由3台染色机并联而成，可同时染3种颜色，单台最大载量200kg，整机日均可染24个批次，最大日产能高达4t。该套设备无需用水和助剂，上染率达98%，可节能80%左右，且95%的二氧化碳可回收利用。近年来，虽然技术层面没有明显革新，但其生产灵活性有所提高，并且商业化推广不断加大，目前全球范围内已有大约15台DyeCoo超临界二氧化碳染色机在运行。从2001年起，中国大连工业大学便率先开始研究天然纤维超临界二氧化碳无水染色工艺和装备。2005年，大连工业大学同光明化工研究设计院产学研合作，共同研制了适于天然纤维的超临界二氧化碳无水染色实验装置。在小试试验获得成功的基础上，2009年，又研制了具备中试生产规模的工程化设备，实现染色关键装置的可视化，在散纤维和成衣艺术染色方面具备产业化条件。2018年，山东即发集团经过多年的产学研合作研发，建成并成功运行世界首条1200L拥有自主知识产权的无水染色产业化示范生产线，标志着中国无水染色工艺技术实现重大突破，具备了将产业化向前推进的条件，缩小了与国际先进水平的差距，但在产业化应用及推广方面依然存在成本高、设备稳定性差、使用寿命短等问题需要解决，表明国产化超临界二氧化碳染色装备的性能与国际先进水平相比仍有一定差距。

（2）在数码印花方面。单Pass机可以在保留喷墨印花优点的同时提高印花速度几倍至几十倍，且综合成本较低，因此成为近些年业界关注的焦点。与国外装备水平相比，国产单Pass数码印花机从跟跑阶段逐渐进入并跑阶段。意大利MS公司于2010年首先推出了单Pass数码印花机LaRio，并受到广泛关注。到2016年，该设备在全球范围已售出20多台。此后，国外的施托克、柯尼卡美能达以及中国的宏华、希望高科、佶龙机械等数码印花设备制造商随后也分别发布了各自的单Pass机。中国虽然起步较晚，但经过近些年的发展，国产单pass数码印花的发展正呈现出群雄并起、百花齐放的态势，单从设备的打印速度、印花精度等参数来看，已经逐渐接近或者超越国际水平（表2-3）。

表2-3　中国单pass数码印花机与国外设备的性能参数对比（部分）

制造商	设备名	幅宽（m）	最高速度（m/min）	颜色数
MS	LaRio	1.8 ~ 3.4	75	6 ~ 8
施托克	PIKE	1.85（特宽幅机型在开发中）	90	6 ~ 9
柯尼卡美能达	Nassenger SP-1	1.6（特宽幅机型在开发中）	≈67.3	6 ~ 8
宏华（Atexco）	Vega One（圆网+单Pass）	1.6 ~ 3.2	80	4 ~ 8
佶龙	龙威（圆网+单Pass）	1.8	120	4
希望高科	北斗星	1.8 ~ 2.6	75	4 ~ 8
美嘉	魔术师	1.8	70	4 ~ 12

从另一方面来看，数码喷墨印花机需要高精度的喷嘴技术，高精度的机械控制技术，高度的稳定性、可靠性和配套的墨水。其中，打印喷头是纺织品数码印花装备的关键核心部件，喷头技术的提高及其合理排列是喷墨印花设备发展的关键。目前，市场上数字喷墨印花机采用的喷头有压电式喷头、热气泡式喷头和连续喷墨喷头。其中，压电式喷头是当前精细喷墨印花设备中应用最多的喷头技术。该喷头的生产商主要集中在日本、英国等国家，中国还没有攻克压电式喷头的关键技术。

（3）在高端压电式喷头生产方面。制造的核心技术仍然掌握在国外公司手上，国内处在研发阶段。当前，生产压电式高端喷头的主要品牌有日本富士胶片、柯尼卡美能达、精工、东芝、理光、爱普生、京瓷等，中国尚未有企业能够生产制作这类喷头，只是在热气泡式喷头研发上取得了一定的进步。例如，苏州锐发打印技术有限公司研发了首款热发泡喷头，可用于单Pass打印，这款喷头打印分辨率1200dpi，最小墨滴4pL，喷射频率20kHz，但该类喷头存在使用寿命短、速度慢等问题，在纺织品数码印花中的应用极少（表2-4）。由此可见，数码印花打印喷头的关键技术仍然是国产数码印花装备的"卡脖子"技术，导致中国数码印花装备的整体水平与国外先进水平存在一定差距。

表2-4　中国打印喷头与国外打印喷头的主要参数对比（部分）

公司	系列	技术支持	喷头类型	喷嘴（个）	驱动频率（kHz）	分辨率（dpi）	最小喷墨量（pL）
Konica Minolta	KM1024i	MEMS	压电式	1024	45	360（NPI）	13
Epson	Mach	TFP	压电式	800	45	600	3.5

公司	系列	技术支持	喷头类型	喷嘴（个）	驱动频率（kHz）	分辨率（dpi）	最小喷墨量（pL）
Xaar	Xaar 501	TF	压电式	1440	—	600	8
Kyocera	KJ4B-0300	—	压电式	2656	30	300	5
苏州锐发	SUREjet	MEMS	热气泡式	1920	20	1200	4

5. 非织造装备

近年来，中国通过技术引进、消化吸收，非织造布机械在高速度、高性能、高质量以及连续化、自动化、信息化等方面的发展取得了成效，技术水平有所提高，与国际先进水平的差距正在日益缩小。国内的纺粘设备在引进—消化—吸收的过程中，逐步掌握了一定的核心技术，但与国际先进水平的总体技术依然存在一定差距，尤其是在纺丝速度方面；高档设备仍需依赖进口（如宽幅高频高速针刺机、高速热轧机、湿法成网机等），后整理加工设备亟待填平补齐。另外，与国际先进产品相比，国产设备在材质的确切选用、自动化控制的精度、各部件的可靠性设计、设备运行的稳定性以及在许多细节上的忽视，导致在生产速度、使用性能以及非织造布产品质量的稳定性等方面还有待进一步提高。

（1）在纺熔设备方面。虽然国产纺熔设备已有进步，常规非织造产品成套生产线基本实现国产化，但在核心技术和装备，如纺丝箱体、纺丝组件、宽狭缝正压牵伸器等方面仍有待突破，关键设备还需从美国、德国、日本等引进。国内外熔喷板及纺粘设备技术指标对比见表2-5、表2-6。总体而言，目前纺粘生产线、SMS线的纺粘喷丝板进口优于国产；复合、异型大板需采用进口；大的熔喷板几乎均为进口。国内宏大研究院有自己的熔喷模头和喷丝板。国内外纺粘、熔喷装备行业的新格局已经悄然形成，高端产品主要以莱芬豪舍等制造为主，中低档的生产线以中国制造为主。

表2-5 国内外熔喷板关键技术指标比较

指标	国产熔喷板	国外熔喷板
代表性企业	中纺科技宏大研究院有限公司 迎春无纺机械有限公司	德国莱芬豪舍公司 欧瑞康纽马格公司
喷丝孔密度	HPI 42	HPI 60~75
喷丝孔直径（mm）	0.3	0.17~0.2
喷丝孔长径比	13	30~40
纤维直径分布（μm）	2~5	≤1

资料来源：中国国际纺织机械展览会展品评估报告。

表2-6　国内外纺粘设备技术指标比较

指标	国产纺粘设备	国外纺粘设备
产能［kg/（m·h）］	100～180	240～330
运行速度（m/min）	600	1200
纤维细度（旦）	1.3～2.0	0.7～1.1
产品断裂伸长率（%）	≥70	40～50

资料来源：中国产业用纺织品行业协会纺粘法非织造布分会。

（2）在干法非织造设备方面。国内干法非织造机械近两年创新发展迅速，机械制造精度及自动控制能力明显加强，扩大了智能制造的应用领域，在非织造工艺、材料应用与机械制造等领域上实现了有机结合，解决了宽幅、速度、自动化控制、节能降耗等方面的很多细节问题，与进口设备的差距在日益缩小（表2-7）。如郑州纺机工程技术有限公司的高速水刺法非织造布生产线，利用精细开松、纤网负压抽吸转移、高效水刺头、新型负压抽吸辊筒、100%废水循环利用等技术，生产线设置多道自调匀整装置，保证水刺布克重均匀，无疵点；采用智能运行维护系统，具有设备状态监控、故障预测报警与远程维护、工艺数据存储、生产数据统计分析等功能。青岛纺织机械股份有限公司的BG238型梳理机最大设计幅宽为3800mm，符合当今非织造布市场追求高速高产的需求。

表2-7　代表性企业干法非织造设备关键技术指标比较

设备类型	指标	国外	国内
开清棉设备	代表企业	迪罗（Dilo）	郑州纺机工程技术有限公司
	代表机型	交叉铺网机Dilo HyperLayer	W1256A型交叉铺网机
	幅宽（m）	5.5～10	4～9
	最高铺网速度（m/min）	300	150
梳理成网设备	代表企业	安德里兹帕弗杰特	青岛纺织机械股份有限公司
	代表机型	TT高速梳理机	BG238型梳理机
	出网速度	250～300	180
	MD/CD	<3.5	—
	产品规格（g/m²）	≤80	≥6
针刺设备	代表企业	安德里茨	仪征市佳禾机械有限公司
	代表机型	A50-R/RS系列 SD-2&SM-2	JHBG429-260双主轴摇摆式四板对刺针刺机

设备类型	指标	国外	国内
针刺设备	工作幅宽（m）	2.7~7.5	2.6
	针板针密（针/m）	4667~14000	9000~12000
	针刺频率（次/min）	1400~2200	1200

资料来源：中国国际纺织机械展览会展品评估报告和公开资料。

（二）存在的主要问题

1. 领先的原创技术开发不足

当前国内纺机企业的创新能力大幅提升，很多设备创新主要集中在机械功能进一步拓展、参数的突破、性能的提高等方面，而在引领性技术、先进性技术方面的原始创新能力不足，电子清纱器、关键梳理器材、高速锭子、钢筘、高性能纤维和差别化纤维纺纱专用器材等装备及零部件的自主供给能力有待提升。在纺纱领域，目前创新突破的纺纱技术几乎全部由国外纺纱设备供应商最新推出。例如，立达公司推出的接头机器人ROBOspin，解决了细纱自动接头这一长期难题；卓郎的Autoairo爱罗纺纱机，涡流纺产能和效率提升30%以上，刷新了世界纪录。在印染领域，超临界二氧化碳染色装备、数码印花装备等先进技术主要源于国外，这也反映出行业创新体系依然有待完善，纺织装备企业、院校和科研院所尚未完全形成互联互通、充分发挥各自比较优势的发展格局，分立发展的孤岛现象比较普遍，机构间共利机制尚未完全建立。

2. 装备制造的共性关键技术亟待突破

长期以来，国内纺织装备制造商多采取技术引进、消化、吸收再创新的发展模式，同质化的中低端产品占比较高。智能化、节能型的高端产品仍主要依赖进口。由于纺机行业在精密机床技术、材料技术、装配技术、热处理及表面处理技术、电控元件等等方面的短板明显，以致国产装备在精准性、稳定性和耐用性等性能与国外同档次产品有一定差距，部分零配件质量难以匹配高端装备的需求。推动纺织机械行业高端化发展，亟待加强基础理论研究和工艺技术创新，破解这些共性关键技术瓶颈。

3. 关键零部件的研发能力有待加强

虽然中国的纺织机械产业体系比较健全，产品门类齐全，主要产品产量已经位居世界前列。但自动络筒机用电子清纱器、空气捻接器和槽筒，无梭织机用高速电子多臂装置，纺织用工业喷墨印花喷头、印花导带等专用基础件发展跟不上主机发展要求，高端主机的专用配套器件供不应求等问题较为突出。主要表现为多数国产纺织机械专用基础件产品还处于国际中档或以下水平，产品寿命短、附加值低。主要原因在于，一是用于专用基础件的原材料供给质量不稳定，由于纺织机械专用基础件所用金属、非金属原材料种类繁多且品质要求高，但用量少，以致于专用高性能金属原材料研发生产未能得到足够重视；产品供应分散、渠道多元，难以保障原材料供给质量的稳定性。二是产品加工工艺技术及装备水平落后，国内除少数有实力的器材专件企业引进国外先进技术装备或自主研发高精度装备外，多数企业仍然使用落后的设备进行单机不连续生产，其制造工艺分散，质量一致性差，生产效率低；专件生产企业多以中小企业为主，资金实力有限，研发投入少，无先进的测试仪器，所采用热处理、表面处理技术与国外先进工艺仍有一定差距。

（三）发展趋势

未来，以高速高效、自动化、连续化、智能化、节能降耗为主要特征的纺织装备仍是主要发展方向。在纺纱领域，纺纱全流程的智能化是纺纱环节未来发展的重要趋势，因此纺纱设备的智能化、各工序自动连接技术，以及数据采集、传输、处理一体化的现代智能化系统是重点方向。在织造领域，高速、稳定、节能、智能是未来织造装备的重要特征，如高效实用型整经机、节能高效浆纱机、自动化穿结经设备以及高速、节能、智能化无梭织机等是未来的重点发展的织造装备；此外，差异化织机、特种织机等也是未来的重点发展方向。在针织领域，短流程、节能化、智能化是针织装备发展的重要方向，其中，经编机向高速、高效、节能方向发展，圆纬机朝着细针距化、短流程化、无缝成形的方向发展，补足电脑横机在嵌花、纱线张力控制、智能送纱、单级选针等方面的短板。在染整领域，以绿色化、智能化为主要特征的染整装备是主流发展方向，如连续式短流程前处理装备、非水或者少水染色设备、印染物料智能化输送设备、数码印花设备等。在非织造领域，发展趋势依然是大型、高产和高速，并逐步实现智能化。

第二节　软性基础能力的发展现状

一、产品开发能力

（一）发展现状

纺织产品开发能力，是指企业通过创新纺织品及其制成品的外观、品质、功能设计，优化产品制造工艺过程设计等活动，生产出能够满足消费市场需求的产品，是产业竞争力的综合体现，是纺织强国市场竞争力的关键支撑。主要包含趋势研究、产品设计、市场营销等内容。近年来，面对日趋激烈的国内外市场竞争和消费升级引起的供需结构变化，中国纺织行业愈加重视产品开发，持续加大研发投入、强化趋势研究、科技创新、人才培养，产品开发能力提升明显。具体来看：

1. 趋势研究能力提升明显，对行业企业产品开发引领作用明显增强

中国纺织行业已经形成了由专业机构、重点企业、产业集群、专业院校组成的流行趋势协同研究机制，能够及时收集与分析消费市场、流行趋势、竞争对手以及国家产业新要求等信息，有计划地进行产品设计研发和技术创新，以引领和满足顾客的多元化、深层次、全方位需求，从而实现研究成果的系统传导与价值转换；趋势研究领域覆盖色彩、纤维、纱线、面料、服装、家纺等产业链各环节，相关系列化成果的应用成效明显、影响力不断扩大。

2. 产品设计的创新能力明显提高

作为产品开发的关键核心能力，全行业的设计创新能力从过去简单模仿的阶段，逐步过渡到主张原创设计、凸显中国特色的阶段。设计创新能力的大幅提升，使品类创新成为推动行业市场增长的重要动力。

3. 推动产品开发能力提升的人才保障持续增强

纺织类高校、纺织企业、中介组织等机构开展了大量的、系统化的有关产品开发的培训课程，极大地提升了从事产品开发设计人员的专业水平。以设计类培训为例，2016～2020年，约5000名面料与家用纺织品设计师、色彩搭配师取得从业资格认证，1033位服装设计专业在校生获得设计新人奖。

4. 科技创新对产品开发能力提升的支撑作用增强

大数据、人工智能等先进技术的深入应用，使得支撑产品开发的工具更加丰富。如人工智能（AI）设计、3D量体裁衣技术、3D打印技术、虚拟现实（VR）3D试衣技术等在行业的应用日益广泛，对产品开发的支撑作用愈加显著。例如，中国纺织信息中心将人工智能技术用于产品开发领域，开发了人工智能时尚色彩趋势分析工具、人工智能图案设计工具，使得企业产品开发更加高效、有效。国家工业信息安全发展研究中心数据显示，2020年，纺织工业实现网络化协同的企业比例为41.7%，数字化研发设计普及率为70.3%，开展个性化定制的企业比例为12.7%。数字化、智能化技术有效缩短了设计周期，提高设计效率。

5. 文化成为品牌设计的重要元素

随着中国文化自信的增强，国民尤其是年轻一代消费者越来越接纳富有中华文化内涵并与之产生情感关联的中国纺织服装品牌，文化IP成为品牌时尚设计的重要灵感来源。

以服装为例，《2020中国消费品牌报告》显示，2019年中国品牌新品发售表现十分活跃，服装行业实现新品销售额占比和新品增长贡献度达到双高，是新品驱动的重点行业之一。"十三五"期间，时尚设计原创能力提升明显，自主品牌认知度与美誉度持续提升；国内主要大型商业实体的服装家纺品牌约4500个，较2015年的3500个增长明显，其中85%左右为自主品牌；自主品牌开始发挥表达文化自信与传承民族文明的重要作用，原创潮流品牌在质量、设计、文化方面逐渐成熟，占品牌消费比重从2017年的11%提高到2019年的 15%。以设计技术输出、创意资源共享、创意产品转化为功能的公共平台成为开发设计能力提升的重要支撑。中国纺织工业已建成工信部认定的工业设计中心28家，工业设计企业2家，创意设计试点园区46家。

（二）存在的主要问题

1. 趋势研究能力有待提升

目前中国纺织行业虽然已经在色彩、纤维、纱线、面料、服装、家纺等领域的趋势研究领域取得一定成就，但相关研究机构在规模、水平和国际影响等方面与国际标杆企业差距较大。

2. 产品设计能力依然较弱

产品设计的高质量供给能力不足，抑制了有品类、有品质、有品位的消费审美，导致了产品趋同、服务趋同下的产能过剩与低价竞争依然存在，适应中国消费市场的原创设计仍较匮乏。原创设计保护力度不足，设计文化创新驱动缺乏原生动力，尚未获得良好的成长环境。

3. 时尚文化引领能力尚显不足

行业缺乏具有较强文化引领能力的产品及品牌，引导和培育消费认知的能力仍有较大的提升空间。多数产品尚未形成鲜明的中国特色和文化定位，自主品牌的独特性、文化和风格识别性不够，民族文化自信不足、文化底蕴挖掘不够。纺织行业与传统历史文化资源的融合与转化不足，与其他时尚文化领域的融合不够。

4. 人才支撑力仍需提升

具有自主创新能力的设计人才、创意人才以及生产性服务业人才，尤其是具备多元文化跨界能力和国际视野的高端、复合型人才，在行业内呈现出较为严重的结构性短缺，无法适应市场需求的快速迭代与高附加值的实现。

二、工业精神

（一）发展现状

纺织工业精神是在纺织领域工业化发展过程中萌发、成长和成熟的。它是引领纺织工业初创、发展、改革、变强的精神指引和价值追求。新时代的纺织行业精神：实业兴国的爱国精神，务实创新的科学精神，协同发展的团结精神，人才为先的人本精神。行业精神具化到不同的行业从业者，表现为工匠精神、劳模精神、诚信精神和企业家精神等。这些精神力量相互交融、彼此激荡，正成为行业高质量发展的强大支撑。

1. 工匠精神

工匠精神是在工业生产实践中聚焦产品品质和质量，体现出具有精雕细琢、精益求精和追求完美的精神理念，是推动产业质量变革的重要软驱动力。纺织工业作为完整参与四次工业革命的唯一产业，300多年来，纺织装备从机械化、电气化到信息化、智能化的飞跃，纤维材料从用天然、仿天然到返天然、超天然的演进，这些伟大的创新创造背后无一不体现着工匠精神。纵观德国、英国、日本和美国等传统纺织发达国家的发展过程，其在产品、技术和品牌上形成的竞争优势，均离不开工匠精神。中国历来崇尚和尊重"技术人才"。《周礼·考工记》有曰："百工之事，皆圣人之作也。""一技之长""艺不压身""独门绝技""独具匠心"都是对人物身怀高超"技艺"的讴歌和赞颂。大力弘扬的工匠精神，是纺织工业实现质量变革的关键。恒力、魏桥等一批专注实业、专业发展、专心做事的纺织企业，正是凭借着工匠精神，将生产操作、产品研发、技术改进、质量管理等推向极致，实现企业价值提升，登上2021年福布斯世界500强排行榜。敬业守德、专业专注、精益求精、创新协作的工匠精神正在激发中国纺织工业的新活力。

2. 劳模精神

当前，中国纺织工业已基本实现纺织强国的目标。这一决定性成就，是中国纺织工业由弱向强转变的一次质的飞跃，是一代又一代的纺织工人阶级砥砺奋进的结果。过程中，涌现出了一批又一批为人熟知、享誉全国的劳动模范。他们中有早期创造了中国工交战线第一个科学工作法——细纱工作法的青岛国棉六厂纺织女工郝建秀、被誉为纺织工业战线的一面红旗的西北国棉一厂细纱女工赵梦桃，也有攻克了众多行业设备关键技术的黑牡丹（集团）股份有限公司技术工人邓建军等。他们的先进事迹体现了中国纺织工人阶级特别能吃苦、特别能战斗、特别能创造、特别能奉献的伟大品格，孕育出以"爱岗敬业、争创一流，艰苦奋斗、勇于创新、淡泊名利、甘于奉献"为核心的新时代纺织工业劳模精神。这一精神已经并将继续激励着一代又一代纺织人为全面建成纺织强国开拓进取、奋斗不息。

3. 诚信精神

诚信是人类共同生活的通则，也是工业文明的重要规则。简单地说，诚信就是诚实守信、履诺践约，由此形成人们之间相互信任、团结合作、共存共生的关系。它不仅关涉人们的生活是否安康、和谐、幸福，也关涉经济、政治和各项社会事业能否繁荣。可以说，没有诚信，人无以立身，国无以立本，社会无以存续。在现代社会中，市场主体独立自主地追求特殊利益或私人利益最大化是市场经济繁荣发展的内在驱动力，遵信守诺的重要性格外凸显。纺织行业作为社会发展的重要力量，也是最早进入市场经济的行业之一。一以贯之秉持诚信精神，是纺织工业根植市场，充分激发市场活力，快速做大做强的有力保障；是提升纺织文化软实力，推动纺织产业经济健康、稳定可持续运行的重要力量。当前，行业市场主体中民营企业占比已高达98%，从业人员近2000万，能否持久不变地坚守诚信精神，关乎每个从业人员和市场主体的生存与发展，关乎行业兴衰存亡。诚信精神作为工业精神的核心内容，也是体现工业文明和商业文明的重要准则。

4. 企业家精神

企业家是中国纺织工业发展的主体核心，是中国纺织工业实现由大变强的筑梦者。伟大的事业需要伟大的精神，伟大的精神源于伟大的实践。在实现纺织强国梦的伟大征程中，无数优秀纺织企业家的伟大实践锻造出一种共有的精神特质：坚定理想信念、不忘报国初心的爱国精神，追求卓越品质、勇于探索拼搏的创新精神，勇担社会责任、服务人民期待的奉献精神，保持谦虚谨慎、促进共同发展的协作精神。这共同构成了新时代纺织企业家精神。

（二）存在的主要问题

1. 着眼于行业的高质量发展，中国纺织工业精神仍然相对缺失

工业精神培育有着自身的发展规律，也需要客观的历史条件。长期以来，在产业基础薄弱的客观条件下，依靠引进国外成熟技术和发挥国内综合成本优势，是中国纺织工业实现快速成长的重要原因。"拿来主义"的成长背景造就了中国纺织企业难以转变过去巨大发展红利带来巨大规模效益的思维惯性，忽视了追求质量提升带来的价值长期增长潜力。同时工业化过程的缩短客观上也导致了工业精神培育阶段的缺失。近年来，受综合成本上升、外部高端技术封锁、环保压力加大等多因素制约，行业转型发展中暴露出的产品质量档次不高、关键共性技术突破难等问题，使得人们开始反思工业精神的作用和价值，开始探索工业精神培育的有效路径。但从发达国家的实践经验看，中国仍未将工业精神摆进纺织工业发展软实力提升的战略布局中。

2. 行业崇尚工匠精神的良好氛围尚未形成

虽然工匠精神深深扎根于中国优秀传统文化中，流淌在中国人民的血液中，但是受近年来社会"急于求成、急功近利"风气的影响，中国工匠并没有获得社会应有的尊重。工匠创造的价值在现有分配体系中难以对等体现。工匠对产品品质和质量的提升，在当下的岗位薪酬体系中不能得到有效的奖励与激励，使工匠很难获得应有对等的价值，这大大降低了工匠职业的吸引力。行业要营造尊重工匠、崇尚工匠、争当工匠的良好氛围，需要解决的问题是给予产业工人应有的社会地位和与价值创造相对等的回报。

三、供应链管理能力

（一）发展现状

供应链管理是适应现代生产方式、交易方式而产生和发展起来的现代管理方式。

纺织工业的供应链管理涉及从产品设计、制造、物流、营销、循环再利用的全生命周期，主要包括质量管理、品牌管理和社会责任管理。

1. 质量管理能力

《全国制造业质量竞争力指数公报》显示，2011～2015年，中国纺织业、服装服饰业、化纤制造业的质量竞争力指数保持稳定增长。据中国纺织工业联合会检测中心统计，2016～2017年该中心受理的委托质量检测中整体质量与单项质量的不合格率均低于3.5%。中国纺织行业的质量管理能力提升明显。

（1）行业质量管理体系逐步与国际接轨，质量标准升级加快。目前，ISO 9004质量体系指南、ISO 2000服务质量管理等国际质量管理体系在纺织行业得到广泛应用。纺织产品质量标准的及时修订、要求逐步提高，是产品质量管理的根本保障。如GB/T 21655.2—2019《纺织品　吸湿速干性的评定　第2部分：动态水分传递法》、GB/T 18319—2019《纺织品　光蓄热性能试验方法》等标准的发布，为功能纺织品技术创新和产品开发提供了标准依据；GB/T 24252—2019《蚕丝被》等产品标准的修订，保障产品供给质量符合消费者的质量要求。

（2）先进质量管理方法的引进和应用，使得企业的质量管控更加科学系统。目前，中国纺织企业的质量控制应用最广泛的方法是全面质量管理法。全面质量管理法是以产品质量为核心而建立起的一套科学严密高效质量体系，以提供满足用户需要的产品或服务的全部活动。全面质量管理法的具体流程管控方法多采用6σ管理（六西格玛管理法）和PDCA循环法。

（3）数字化质量管理工具应用对提升质量管理的作用显著。随着新一代信息技术的快速发展，数字化、智能化的质量管理工具正被广泛，使得质量管理更加透明化、精准化和高效化。如质量管理信息系统以信息技术为手段，将生产模式与质量管理、质量控制、质量分析融为一个整体来研究，对质量数据作科学分析，实现质量信息的迅速传递和快速响应，以便决策层作出及时正确地处理和决策。

2. 品牌管理能力

当前，中国纺织服装品牌正在进入加快调整创新、持续提质增效的良性发展新阶段。品牌作为拉动内需、促进消费的重要支撑作用持续增强，生存与发展的环境不断优化。品牌建设的国家战略地位、纺织服装自主品牌的社会地位进一步巩固提升。品牌管理是在品牌发展方面的计划、组织、指挥和控制组织的管理体系。主要包括品牌战略和定位、产品创意创新和商业渠道管理。

（1）品牌战略与定位更加多元。企业通过制定品牌战略与定位，明确品牌愿景、品牌培育目标和具体策略。随着经济与社会的发展，消费市场、消费群体与消费方式正发生快速变化，品牌战略也在发生深刻调整。一是多品牌矩阵、集团化运作趋势更加明显。当前，诸多纺织服装品牌采取细分化与多业务布局综合发展的路径。一方面，调整品类布局、满足细分化与差异化消费需求；另一方面，继续加大多品牌、多业务的布局，寻求新增长点。更多品牌开始构建综合性时尚集团，通过多品牌矩阵、丰富产品线提升综合市场占有率。二是品牌纷纷加速转型升级，着眼年轻化、潮流化，加强时尚设计的创新，借助数字化、新零售手段精准洞察客户需求，增强消费者黏性。三是品牌加大跨界融合，通过跨界服务品牌的核心价值，让跨界联名成为承载品牌文化的重要产品和载体。实现跨品类、跨圈层、跨文化的诉求，打破界限，积极探求扩大目标人群边界，满足多元化、个性化消费需求。四是品牌开始走向国际，中国纺织服装品牌渠道的布局更加开放化、国际化。如意集团从美国科氏工业收购了英威达旗下新材料、服饰和高级面料业务，成立新公司——美国莱卡集团；李宁、太平鸟亮相纽约、巴黎两大国际时装周，实力上演中国设计的潮流美学，和世界对话，呈现中国新生代时尚文化的新篇章。

（2）商业渠道延伸新空间。随着全球经济格局与数字经济的发展，品牌的渠道管理正在面临新的机遇与挑战，中国纺织服装品牌积极拓展品牌发展的空间，呈现出新的特征。一方面，品牌正在强化线上线下渠道的融合发展布局，不断开创新业态、新模式。企业加强实体门店与电商PC端、电商移动端以及信息媒介的全客群、全渠道、全品类、全时段、全体验、全数据、全链路深度融合的新零售模式。全球疫情下，主动布局直播电商、社群营销等新型营销方式。新商业环境下，企业通过开发智能化产品，推进业态模式创新，发展服务型制造，打造柔性供应链等方式增加品牌与消费者之间的黏度，企业和用户之间开始出现"无时不有，无处不在，无所不联"的趋势，时尚消费的商业载体和传播形式更为多元和丰富。

3. 社会责任管理能力

社会责任管理能力是企业在运营过程中，充分平衡企业与各利益相关方的关系，谋求可持续发展的重要能力。

（1）企业社会责任管理能力建设工作不断深入。中国纺织工业开创了国内行业社会责任实践的先河，率先在全国推行《CSC9000T中国纺织服装企业社会责任管理体系》，该体系由中国纺织工业联合会社会责任办公室运营和管理。中国纺织工业的社会责任建设正在由理念向实践快速转变，采用的社会责任管理体系兼具本土化与国际化。

从国内看，中国纺织工业联合会（中国纺联），自2006年发布第一份社会责任年报以来，积极倡导共建行业诚信自律，并在3个层面上推动社会责任信息披露工作。首先，中国纺联从宏观层面坚持社会责任建设报告制度，连续14年编制和发布了行业社会责任年度报告。为了积极响应利益相关方对重点垂直领域议题的关注，在印染、化纤、家纺、服装和产业用五个行业推进了持续信息披露。其次，中观层面的产业集群社会责任信息披露与沟通成为制度化实践，已有覆盖千亿产值的19家产业集群和地方主管政府部门参与其中。最后，微观企业层面的社会责任信息披露得到长足进步，2009～2018年间，将近百家纺织服装企业发布了400多份社会责任报告。

《CSC9000T中国纺织服装企业社会责任管理体系（2018版）》集中了目前国内外对企业社会责任所要求的最全面的重要议题，提供了满足国际现存的社会责任相关期待、符合本行业企业应用特点和防范供应链风险的管理方法和工具，做到了管理体系与"人本责任""市场责任""环境责任"等议题的有机融合。2018版的CSC9000T顺应国家"一带一路"倡议，在企业战略、制度、运营和义务关系等方面为"走出去"的纺织服装企业提供履责指引。积极采用国际组织或企业的社会责任管理体系，通过实施国际化的管理框架文件或标准来加强组织（公司、企业）的环境意识、管理能力和保障措施，从而达到改善责任建设的目的，如社会责任标准SA8000等。

（2）行业社会责任管理的深化，使行业社会责任实践取得显著成效。

人本责任不断深化。行业企业深入推进性别平等和员工权益保护，不断改善劳动条件，同时更加注重发展的普惠性，积极落实产业扶贫、就业优先政策，以产业创新发展更好地满足了人民美好生活的需要。2020年，联合国妇女署亚太区WEPs奖授予中国纺织信息中心"WEPs社区和行业参与奖"，授予恒田企业"WEPs中国区抗疫行动奖"，以表彰其在积极推动包容性商业文化方面所做的努力。

市场责任不断深化。行业诚信体系、信任机制和市场监管机制持续完善。企业注重加强知识产权保护、反垄断、反不正当竞争和反虚假营销等方面的责任管理，推动线上线下公开、公平、公正的市场竞争生态加速形成。市场责任的建设为产业链供应链上大中小企业良性互动、协同发展营造了良好环境，为更好保护消费者的合法权益奠定了基础。

环境责任不断深化。行业持续强化清洁生产和绿色创新，行业供应链的绿色转型、信息公开水平显著提升，行业在化学品管理、水管理、碳管理、循环再利用管理等方面不断优化。绿色工厂、绿色园区、绿色产品、全产业链和全生命周期的绿色制造体系不断完善。行业绿色技术研发投入强度与创新成果推广力度持续加大。绿色技术在国家科学技术进步奖、"纺织之光"中国纺联科学技术奖中的比重持续提升，有力地支撑了行业供应链体系的绿色化转型。绿色标准体系建设优化。与绿色化相关的国标、行标、团标快速发展，有效保障了行业绿色制造体系的良好发展。

2016年以来共有251种绿色设计产品、91家绿色工厂、10家绿色供应链企业、11家绿色设计示范企业列入工信部绿色制造体系建设名单。"十三五"期间，纺织行业的节能减排、清洁生产工作取得积极成效。二次能源占比达到72.5%，万元产值综合能耗下降25.5%，万元产值取水量累计下降11.9%。节能减排卓有成效，行业废水排放量、主要污染物排放量累计下降幅度均超过10%。绿色国际合作逐步强化。2019年，包括如意、利丰在内的全球32家时尚和纺织业巨头在法国爱丽舍宫共同签署了 *Fashion Pact*（时尚公约），围绕减缓气候变化趋势、恢复物种多样性、海洋保护三大主题做出了郑重的承诺，中国纺织服装企业在全球可持续发展的国际合作中不断加快步伐。

（二）存在的主要问题

1. 质量管理

（1）质量管理方法的自主创新不足。当前，中国纺织企业应用较为先进的管理方法均来自国外，如六西格玛管理法是20世纪80年代末首先在美国摩托罗拉公司发展起来的一种新型管理方式，PDCA循环法也是由美国质量管理专家最早提出。这反映出中国纺织行业在自主研发质量管理体系方面存在短板。为避免国外质量管理方法在引进、转化过程中的困难，企业需要加强自主创新，研究更加先进也更符合中国纺织工业实践的管理方法仍是质量管理的重要方向。

（2）高端与新兴领域的质量标准滞后。发达国家频繁地使用技术贸易壁垒和绿色环保壁垒对发展中国家出口的产品进行限制，这些壁垒突破了中国过去所制定的产品质量标准的要求，在传统的产品品质基础上增加了社会责任、环境友好等方面的高要求，尤其对国内许多中小企业来说仍是比较大的挑战。主要原因是中国纺织企业在先进产品与先进标准方面的意识较落后，国内标准与国际标准的接轨存在一定问题。

（3）质量管理人才支撑不足。产品质量管理的专业人才队伍不够强大，缺乏专业的质量管控人才，尤其是精通原料、生产、消费等全产业链的质量管理人才。随着质量管理方法、管理工具、检验检测设备的创新发展，质量管理人才需要不断加强在系统性、数字化等思维模式方面的学习，企业在该方面的培训力度仍有欠缺。

2. 品牌管理

（1）品牌意识仍不深不强。中国纺织工业具备全球最大的生产制造能力，具有规模优势与最完备的产业生态。但相对于生产制造而言，品牌发展的时间较短。一方面许多纺织服装企业以代加工为主，缺少建立自主品牌的意识；另一方面，尝试建立自主品牌的企业的品牌定位不清晰，存在品牌定位过高、过低或者混乱的现象。

（2）品牌管理人才支撑不足。纺织服装企业的品牌管理、策划专业的人员还比较匮乏。企业内部缺乏在市场营销、广告宣传、传播、公关、企业管理等方面具备综合素质和专业素养的复合型人才。企业多数人员只关注短期的市场收益，而尚未做好长期的品牌管理，对品牌发展规律尚形成深刻的认识和掌握。

3. 社会责任管理

（1）国内在企业战略层面缺乏社会责任的融入。国际企业在应对气候变化、环境影响方面，纷纷制定了可持续发展战略规划与目标。相比之下，虽然国内已有一些企业制定了可持续发展战略，但大多数企业在这方面仍未起步，反映了国内企业发展理念的升级较缓慢。

（2）管理工具方法有等待进一步提升。先进的责任管理工具是企业可持续发展的重要抓手，国际许多企业自主研发了先进的管理工具。Kering集团在企业内部开发了EP&L，是将服装或配饰等时尚产品对环境造成的影响进行货币化的工具，其计算标准追根溯源，包括原材料生产、集团运营、物流运输及门店经营对整个产业链造成的影响。国外一企业2019年发布了致力于材料循环使用的设计指南 *Circularity：Guiding the Future of Design*，提出产品循环再生设计的十大准则，帮助企业与行业推动可持续供应链的规范化和标准化。国内在工具开发和管理实践上与国际时尚巨头仍有较大差距。可持续发展工具需要创新技术的支撑，反映出国内企业在此方面的研发投入仍不足。

（3）企业信息披露机制较欠缺。国际纺织服装企业在信息披露方面较国内企业更加先进，供应链更加透明化、责任化。如迅销2006年发布了第一份"可持续发展报告"，13年来持续以此形式向社会公开披露企业的经营活动及环保举措。国际知名企业也均连续发布了年度的社会责任或可持续发展报告。但国内纺织企业在信息披露机制建设方面尚有欠缺，主要原因是国内企业在对多利益相关方与社区责任方面的意识不足，对社会责任的理解仍停留在公益、慈善等方面，对信息公开、诚信协同认知较少。

第三节　基础支撑能力的发展现状

一、质量基础设施

（一）发展现状

1. 推动纺织质量基础设施建设的多层次机构体系基本形成

中国纺织工业协会（中国纺织工业联合会前身）于2009年正式成立全国纺织计量技术委员会，委员单位涵盖行业协会、计量机构、高等院校、科研院所及仪器生产厂商；截至2020年，纺织领域建有全国性标准化技术机构25个，其中全国专业标准化技术委员会6个，分技术委员会19个，另有行业标准化技术归口单位2个，团体标准技术工作组13个。

2. 纺织质量基础设施的技术基础和产业基础日益巩固

技术基础是质量基础设施的核心基础，主要包括计量和标准。2009年中国纺织工业协会牵头计量技术规范制修订工作，有力推动纺织计量发展。截至2020年9月，中国正在实行的纺织行业计量技术规范共75项，其中通用类6项、纤维类13项、纱线类15项、织物类34项、色牢度类6项、其他1项。另有2020年工信部已公示待公告发布的行业计量技术规范12项。另外，行业标准化工作力度加大，推动行业标准建设加快。标准体系日益完善。截至2019年底，中国纺织行业国家标准和行业标准总量为2390项，其中国家标准789项，行业标准1601项，与2014年相比总量增幅达22%；公开团体标准396项。标准国际化工作取得实质性进展，国际话语权明显提升。截至目前，由中国主导制定的纺织国际标准至少有25项。

3. 市场机构是质量基础设施发挥支撑作用的有效载体

据不完全统计，中国合格评定国家认可委员会（CNAS）认可的纺织品检测领域实验室包括含纺织品检测的综合检测机构、纺织品检测机构和企业内部实验室等，共400多家；国家质检中心名录中与纺织鞋服劳保产品相关的国家级质量监督检验中心至少54家。综合性服务平台正在加快形成。当前，纺织工业已经涌现出一批集产品检测、标准研究、专业培训和信息咨询服务为一体的本地综合检验检测机构，形成了覆盖全国主要纺织产业集聚地区的服务网络，成为推动产业质量变革的重要支撑性力量。以总部位于北京的中国纺织工业联合会检测中心为例，该机构已在广东、福建、上海、浙江、江苏等地设立了10大分中心和13个服务网点，建有国家生态及功能纺织品服装质量监督检验中心，服务领域涉及产品检验检测、实验室信息化和质量管理体系的建设咨询、环境评价、人才培育等。

4. 中国纺织质量基础设施的国际影响力不断扩大

近年来，中国纺织工业广泛参与质量基础设施建设的国际合作。2009～2019年，中国牵头制定纺织领域国际标准25项，ISO 14389：2014《纺织品 邻苯二甲酸酯的测定 四氢呋喃法》等14项标准已由ISO正式发布实施；承担或联合承担了ISO/TC38、ISO/TC133以及ISO/TC38/SC1、ISO/TC38/SC2、ISO/TC38/SC23等技术机构的国际秘书处工作。此外，中国积极参与国际认可多边互认体系，签署了覆盖全球超过70个主要经济体管理体系、产品、检测、检验、校准、能力验证、标准物质等多项合格评定机构认可的国际多边互认协议，有效降低中国纺织品服装国际贸易中的认证认可成本。

（二）存在的主要问题

中国纺织质量基础设施经过多年持续投入和建设，其总体水平获得了长足的进步，有力地支撑了产业发展。但面对严峻的国际竞争局面和产业转型发展的现实需求，还存在着顶层设计不足、技术基础薄弱、标准建设脱轨、发展相对滞后等现实的问题，主要表现如下。

1. 规则体系建设滞后

中国质量基础设施建设存在缺乏完整顶层设计、法律法规体系建设滞后以及政策支持缺乏持续性等问题。据不完全统计，全球将计量发展纳入宪法的国家已有44个。美国、德国、日本、韩国、欧盟等国家和地区针对质量基础设施制定了法律法规。例如，美国的《质量提高促进法》，德国的《计量法》，日本的《计量法》和《工业标准化法》，韩国的《国家标准基本法》《工业标准化法》和《计量法》等。具体到纺织品服装领域，美国有《消费品安全改进法案》《纺织纤维产品鉴定法案》和《易燃性织物法》等，欧盟也通过立法加强对纺织品和服装涉及安全、生态环保方面的要求。与国外相比，虽然从20世纪80年代起，我国就已制定了《标准化法》《计量法》和《认证认可条例》等法律和条例，但修订速度相对滞后，还不能满足产业发展的时代要求。

2. 技术基础薄弱

中国纺织质量基础设施建设的技术基础薄弱，国际影响力和话语权亟待提升。中国纺织行业研究机构对质量技术基础理论和先进检测手段的探索不足，检测方法传统，信息化建设水平不高。以检测技术为例，发达国家加快推进先进技术与检测技术的融合发展，获取未来竞争优势，而中国相关研究较少。发达国家基于计算机和网络技术实现网络检测，并加快探索柔性智能测量、机电化的人体与纺织品互动检测等检测技术。例如，德国海因斯坦研究院设法通过人体与纺织品互动进行检测，通过脑电图测得静电活性数据，将人体对纺织样品的感知数据化。同时作为制约质量基础设施建设的核心关键，检验检测仪器性能与国际水平有着一定差距，导致高端仪器设备进口超90%。如质谱联用仪，美国的产品约占世界的80%，而具有质谱仪设计能力的中国机构不超过5家。

3. 市场参与不足

在纺织行业标准建设方面，长期以来，纺织标准的制修订主要由政府主导，而市场主体参与不足，导致标准建设与产业发展存在不同步的问题，尤其是智能制造等领域标准建设相对滞后，未能对产业发展起到较好的引领、支撑作用。部分领域的标准管理有待加强。如产业用纺织品领域多、产品种类复杂、标准归口单位多，造成产业用纺织品标准分类不统一，标准实施困难。从国际角度看，虽然近年来中国纺织工业广泛参与国际标准的制修订，但因起步较晚，整体话语权依然偏低。目前中国主导制定的纺织国际标准在ISO标准体系中占比仅在1.7%左右。

4. 产业基础发展相对滞后

中国纺织质量基础设施建设的产业基础发展相对滞后，与纺织大国地位不匹配。以评定机构国际化程度为例，以BV（法国必维）、TüV（德国莱因）、ITS（英国天祥）、SGS（瑞士通标）等为代表的国际检验检测认证机构依托较强的综合实力，均已形成全球服务网络。例如SGS，该机构有2600个分支机构和实验室分布在世界各地，在中国已经建成有90多个分支机构和200多间实验室，服务能力已全面覆盖到纺织品及服装鞋类、医疗器械等多个行业的供应链上下游。而中国几乎没有国际化的评定机构，缺乏具有国际竞争力的品牌。80%左右的国内检验检测机构仅为机构所在地本省区域内提供检验检测服务，本地化特征十分明显。同时国内企业普遍规模相对较小，综合服务能力弱。例如，很多企业仅能提供涉及国标、行标的检测服务，无法提供欧洲标准、美国标准、REACH法规及Oeko-tex 100等检测标准和认证服务。

二、数字基础设施

（一）发展现状

当前，数字化、网络化、智能化是纺织产业发展的必然趋势。工业软件和工业互联网等数字基础设施是产业数字化转型发展的关键支撑。

中国纺织行业工业软件发展与应用加快，行业数字化水平提升明显。《中国纺织行业两化融合发展数据地图（2020）》数据显示，2020年纺织工业数字化研发设计工具普及率、ERP普及率、MES普及率和生产设备数字化率分别达到70.3%、62.6%、24.6%和52.1%，纺织工业两化融合水平略高于全国制造业两化融合发展水平。但从全球看，行业在高端产品、市场主体等方面与国外先进水平还有一定差距。在产品端，目前纺织工业在CAD、CAM、ERP等领域的软件虽然国产化率较高，但高端软件仍基本依赖进口。在企业端，中国还没有软件领军企业，企业间实力相差悬殊。相比于SAP等国际巨头，中国纺织工业软件领域没有与之匹配的领军企业，市场主体大部分都是中小型企业，在研发投入、产品性能和整体实力上相去甚远。

工业互联网是第四次工业革命的重要基石。中国纺织行业的工业互联网建设步伐加快，应用领域不断拓展，但整体上还处于起步阶段。为全面贯彻落实《关于深化"互联网+先进制造业"发展工业互联网的指导意见》，在纺织工业方面率先制定并发布了《纺织行业工业互联网发展行动计划（2018—2020）》，并通过组建行业工业互联网联盟、开展试点示范和成果推广等工作，有力推动了纺织行业工业互联网发展，取得显著成效。目前纺织工业的工业互联网平台建设与应用已经贯穿化纤、纺纱、织造、印染、服装等全产业链，涉及产品设计、生产管理、供应链组织、产品全生命周期管理和增值服务等领域，催生出一批智能化生产、个性化定制、网络化协同、服务型制造等新业态新模式，推动行业数字化、网络化、智能化转型发展加快。截至2019年底，已形成应用实践的纺织工业互联网平台试点共26个，平台建设的数量和规模都还处于成长初期。

（二）存在的主要问题

1. 工业软件

（1）应用需求还不成熟，市场规模不大。长期以来，中国纺织企业发展多以跟踪、跟随为主，且主要集中在生产制造环节，企业发展的投资需求多以生产装备为主，对产品设计研发、过程管控、运营管理等软件的需求偏少，这导致中国纺织工业软件市场规模小，软件产业价值链失衡。据《中国纺织信息化40年发展历程》数据显示，纺织企业信息化投入最多的企业每年资金投入约占销售收入的2%，与钢铁、石化、装备等行业存在较大差距；中小企业平均投入仅占其销售收入的0.1%左右。近年来，在数字化发展浪潮推动下，企业信息化建设需求所有增加，但多以定制开发为主，这使得行业可推广的产品很少；很多企业的信息化建设投资重视购置相关装置，对软件维护、咨询服务等重视不足。这些一定程度上反映出纺织企业对信息化建设的重视程度不够，需求不够明确。

（2）软件企业的技术基础弱、创新能力不足。国外工业软件发展有着深厚的工业基础和技术积累，创新能力强，其相关产品在用户界面、软件功能、系统架构和平台化、开放性等方面一直处于引领地位。与国外不同，国内软件产业起步较晚，还处于跟踪、模仿阶段，在技术路径上依然依赖国外产品的经验，缺乏创新突破。

（3）纺织工业软件类人才严重短缺。在现阶段，全行业各个领域人才短缺问题均较为明显，软件类人才短缺问题最为突出，严重制约着当前纺织工业应用软件的发展。关键在于行业在长期发展过程中未建立起引才、用才、留才的环境和条件。与高新技术产业、服务业等相比，行业的从业环境和待遇对软件类人才缺乏吸引力；部分企业在信息系统开发与建成之后，因成长路径受限，人才流失严重。

（4）有利于软件企业创造和保护的环境还没有完全形成。目前，纺织企业的知识产权保护意识依然薄弱。近年来，在国家的推动下，行业企业对知识产权的重视程度不断提升，大中型企业和科研院所基本实现了软件正版化，但仍然有很多中小企业存在使用非正版软件。知识产权保护滞后是应用软件产业难以持续发展的关键原因。

（5）资本市场对软件企业发展的支撑作用有待进一步提高。长期以来，中国资本市场对工业软件企业的价值认同有待进一步提高。例如SAP公司，截至2020年其营业额为308.4亿美元，资本市场估值超过1500亿美元。强大的财力使得这些业界翘楚不仅可以持续加大研发力度，也可借助资本力量通过并购等方式，快速补齐短板、拓展长板，巩固其领先地位。

2. 工业互联网

中国纺织行业工业互联网虽然发展态势良好，但还存在产业基础并不牢固、关键技术供给不足和产业生态体系不完善等关键问题亟待解决。纺织工业互联网的规模化应用仍面临较高壁垒，在一些领域探索出的融合应用新模式、新业态还只是星星之火，未形成燎原之势，建立并巩固优势的任务十分艰巨。要实现支撑行业智能化转型和高质量发展的长期愿景，仍然面临着艰巨的挑战。

（1）中小微企业工业互联网应用的意识和动力不强。当前工业互联网在行业的应用领域在不断扩展，且已经表现出巨大的发展潜力，但在应用规模上相对很小，且以大型龙头企业居多，针对量大面广的中小微企业还有待进一步探索。主要原因一是中小企业对工业互联网的认识还存在误区。部分企业认为工业互联网就是"机器换人"，数字化改造的设备应用只停留在制造阶段，缺乏对全流程的把控。部分企业甚至认为工业互联网就是电商。二是中小企业对工业互联网应用的效益与风险还有重重顾虑。进行工业互联网升级改造需要一定的投入，小微企业的营收规模小、盈利低，短期内能否见效并产生效益，是企业的核心关切。

（2）纺织工业互联网关键技术研究亟待加强。一方面纺织工业在知识沉淀、机理提炼、数据管理和分析模型建立等方面与国外差距非常大。例如，行业知识的数字化、模型化程度偏低，行业机理模型数量偏少，行业App数量和能力离纺织行工业互联网应用需求尚有较大的差距，成熟的工业互联网应用解决方案不多，缺少既有深厚的行业知识又有较强技术实力的工业互联网解决方案服务商。另一方面，包含纺织工业在内制造业面临的共性问题，即中国工业网络标准、技术、产业基本被外商掌控，且标准众多、互通性差；工厂外网络主要依托公共互联网，难以满足工业生产高安全、高实时和高可靠的要求。目前虽有更加安全透明的区块链技术，但行业对该技术的整体应用水平、意识程度仍较低。据了解，截至2018年底，国内领先的工业互联网平台仍建立在国外基础产业体系之上，95%以上的高端PLC和工业网络协议，90%以上的高端工业软件被欧、美、日企业垄断。

（3）工业大数据资源化程度不高，"数据孤岛"普遍存在。企业数据采集、互联互通的瓶颈亟待突破。与中国其他制造业一样，纺织工业面临着大范围、深层次的数据采集能力以及异构数据的协议转换与边缘处理能力不足的问题。主要原因：一是纺织工业的特点是标准化与集成度比较低，一个企业往往很难凭借一己之力推进一个整体解决方案。这导致了企业内部、企业间、行业间所采用的系统存在协议标准不一、接口不同等问题，使数据难以在系统之间进行交流、共享、融合。二是纺织企业很多关键的生产设备数据来源于过程，但其场景比较复杂，数据格式差异非常大。这造成了我们一方面重视数据，强调大数据，但另一方面数据质量却普遍不高，很难转化为有用资源。

（4）产业基础支撑不足，亟需提升装备的数字化、网络化水平。与中国其他传统制造行业一样，纺织企业数字化发展不平衡不充分问题十分突出，企业间、区域间差距明显，多数企业数字化水平较低，仍停留在引进智能装备、生产数据大屏展示等较浅层面。原因一方面是技术的不稳定与快速迭代，商业模式的不清晰、线上服务能力不足、设备入网成本高昂、价值回报预期不足，企业普遍缺乏设备联网动力与能力；另一方面，行业多数企业的设备并不是标准化与统一化的，不同年代、不同型号、不同厂商的设备并存是普遍情况。这使得企业设备数字化改造难度很大、成本很高、成效很低。这也正是很多企业必须投入巨资打造全新数字化车间或工厂的重要原因。

三、人才培养体系

（一）发展现状

行业教育经过多年的蓬勃发展，已形成包含高等教育、职业教育、技工教育、社会化教育等在内的全方位多层次人才培养体系，为行业发展培养输送了大批高素质创新人才和技术技能人才，为建设纺织强国作出了巨大贡献，已成为行业实现高质量发展的重要支撑力量。目前，中国纺织教育已经建立起有机衔接、多元立交，具有行业特色、国家水准的现代纺织服装教育体系。据中国纺织服装教育学会统计，2021年，全国设有纺织服装相关专业的本科院校290余所，高职专科院校250余所。从专业建设看，2019年，中国纺织服装院校拥有国家级一流本科专业建设点28个，参与中国特色高水平高职学校和专业建设计划的建设单位点6个。较为完善的人才培养体系为产业发展提供了有力的人才支撑。据不完全统计，纺织行业直接就业人口超过2000万人，其中学历为本科及以上的占6%，高职高专的占12.5%，中职的约占23%，中职以下的占58.5%。

与传统纺织发达国家的纺织服务教育相比，主要不同体现在以下几个方面。

1. 国内教育体系较为完整，人才培养规模大

中国纺织服装教育具有"中职—高职专科—高职本科—普通本科—硕士—博士"完整的育人体系。国内纺织产业的基础很好，围绕产业链建设专业链，专业设置涵盖材料、加工、染色整理、生产设计、产品检测、纺织经贸等产业链各环节，拥有完善的配套教材、课程体系、教学标准、人才培养质量标准、顶岗实习标准等。国内中职、高职、本科纺织服装类专业在校生30余万人，每年数以十万计的毕业生流入行业，为行业发展提供了人才和智力支撑。

2. 国外注重创意开发，国内注重技术应用

国外发达国家纺织基础产业萎缩严重，当前多朝着高技术纺织领域发展，如纳米科学、纤维材料科学、染料化学及颜色科学、纺织材料结构等，教学比较注重方法的传授，重视创意理念培养，善于创立创新，更注重高科技人才、创意创新人才、领军人才的培养。国内尚不具备流行、顶尖、创意的教学方法。但基于良好的产业基础，完备的制造体系，国内教育更侧重生产加工领域人才的培养，注重培养人才的技术应用能力。

3. 国外注重基础学科教育，国内注重专业学科教育

在学科体系设置方面，国外纺织工程类或服装设计类专业在课程设置上更加重视通识教育，形成了从基础学科到专业培养的更加前沿、更加系统的课程教育体系，为学生提供所有知识分支的教学，这也使得学生在致力于学习一种特殊的、专门的知识之前对知识的总体状况有一个综合的、全面的了解，实现知识的融会贯通。国内专业课程设置上通识课程相对较少，更注重"核心+主干"的专业课程体系建设，着重帮助学生较好掌握某一专业领域所需要的能力，但知识迁移能力相对弱些。

4. 国外工程教育注重系统化，国内注重模块化

国外采用基于工程过程的"CDIO"层阶式教学，围绕构思（conceive）、设计（design）、实现（implement）和运作（operate）完整的工程过程，以产品研发到产品运行的生命周期为载体，难度和广度逐步加大，有助于学生树立完整的工程系统化思维，并逐步提升解决工程问题的能力。而国内更加注重教学体系的模块化，大部分高校采用模块式工程训练课程进行教学，如工程认知课程、工程基础课程、工程拓展课程、工程创新课程等。

（二）存在的主要问题

受体制机制等多因素影响，行业人才培养供给侧和产业需求侧在结构、质量、水平上还不能完全适应，"两张皮"现象仍然存在。本质上是行业人才培养体系建设与产业需求相脱节、甚至发展滞后，难以适应和满足产业当前和未来发展的人才需要。研究发现，行业人才培养体系建设存在的主要问题有以下几个方面。

1. 学科建设相对滞后

中国目前的纺织服装相关学科建设未能紧密结合纺织工业发展实际，学科知识逻辑以传统知识为主，且知识结构相对单一，以发表论文的数量和质量、在国际学术共同体中的声誉等指标来衡量其实力和水平；学科建设没有坚持问题导向，不能很好地满足经济社会发展和纺织产业需求。当下纺织行业智能化转型发展加快，迫切需要具有创新意识、较强工程实践能力、交叉融合能力和跨界整合能力的多元化、复合型新时代纺织人才。这就要求纺织学科建设在重视知识逻辑的同时，坚持问题导向，更好地回应经济社会发展的理论与实践诉求，创新研究方法，完善方法论体系，促进学科交叉融合，探索跨域、跨界、跨学科研究。

2. 校企合作深度不够

中国校企合作多数是短期的粗放型合作。具体表现为学校把校企合作当作教学的辅助手段，教学过程中的一个实践环节，学校仍停留在聘请企业专家讲座、送学生去企业实习等形式上，将合作定位在培养结果，即就业阶段的合作，而不是培养过程的合作；企业对校企合作办学的投资是为学生提供一个实习的岗位和捐赠一些教学设施等较浅层面，没有从培养目标、专业教学标准设置、实训基地建设、课程开发、实践教学体系、人才培养与评价等方面进行深层次合作。究其原因，主要是中央和地方没有具体配套的法律法规和政策支持，校企合作的可操作性不强。政府没有建立专门的协调机构来设计、监督、考核和推行校企合作；校企合作对企业在财政和税收法规上的优惠微乎其微，企业缺乏利益驱动，参与校企合作的动力和热情不够。

3. 社会化培训体系薄弱

在培训服务供给主体方面，以行业企业培训机构和学校的继续教育学院为主，其地域分布与纺织工业布局、地区经济发展水平紧密相连，呈现出东南地区多于西北地区的现象。在培训服务供给数量方面，据调查60%左右的受访者仅接受过一次在职技能培训，超过60%的受访者认为自己所接受的在职培训量远远不够。在培训服务供给质量方面，很多企业培训多停留在表面，培训技术含量低；且行业的社会化培训普遍存在培训内容系统性不强、培训绩效评估体系不健全等。造成这一问题的原因是很多企业对员工培训体系构建的重视程度不足，很难针对性地投入更多的资金项目，教育经费缺乏保障和监督。在院校社招方面，受企业生产任务的影响，上课正常化难以实现；由于学员层次不一，课程难易程度不好掌握。

4. "双师型"教师队伍建设有待加强

改革开放以来，特别是党的十八大以来，职业教育教师培养培训体系基本建成，教师管理制度逐步健全，教师地位待遇稳步提高，教师素质能力显著提升，为职业教育改革发展提供了有力的人才保障和智力支撑。但是，与新时代国家职业教育改革的新要求和行业技术技能人才培养的需求相比，职业教育教师队伍还存在着数量不足、来源单一、实践水平偏低、结构性矛盾突出等问题，究其原因是校企管理体制机制不灵活、员工双向流动不畅，同时具备理论教学和实践教学能力的"双师型"教师和教学团队短缺，这也成为制约职业教育改革发展的瓶颈。

四、公共服务体系

（一）发展现状

目前，中国纺织行业基本建成完善的公共服务体系，对产业发展形成了有力支撑。从平台载体建设看，截至2019年底，国家级纺织科技公共服务平台共有127家。2018～2019年中国纺织工业联合会共认定纺织行业重点实验室49个、纺织技术创新中心27个。2017～2019年，获得工信部认定的国家中小企业公共服务示范平台中共有纺织行业示范平台8个。截至2020年，共有工信部认定的46家纺织服装创意设计试点园区分布在十几个省市。

1. 从平台建设模式看

由地方政府主导，纺织领域的科研机构、高校和企业共建模式占主导地位。实体组织和虚拟组织是平台存在的两种主要形态。例如，以海西纺织新材料工业技术晋江研究院、佛山市南海南方技术创新中心有限公司等为代表的实体化平台，完全采用公司化运营；通过协议合作、构建产业联盟等方式组成的网络型组织，为企业提供关键共性技术和个性化的问题解决方案，如虎门纺织服装产业云制造公共服务平台、绍兴纺织产业创新公共服务平台。

2. 从服务能力看

行业基本建立起完善的公共服务体系，形成了覆盖主要产业区域的服务网络。行业公共服务平台能够为纺织企业提供新产品新技术研发推广、质量检测、教育培训、信息化管理、电子商务、产品技术展示保护、融资担保、社会责任建设、品牌宣传等服务；同时平台分布与产业分布高度重叠，形成了完善的服务体系和服务网络，在提升企业技术创新和管理创新等方面发挥着重要作用，已成为行业转型发展的关键支撑力量。以西樵纺织产业创新平台为例，平台依托产业集群而建立的综合型服务平台，服务地域范围已从当地延伸到广州、东莞、中山、顺德、江门等珠三角地区，不仅是西樵纺织实现跨越发展的重要推动力量，更成功推动周边纺织产业创新发展。

（二）存在的主要问题

公共服务体系的突出特点是共享性和服务功能，而中国纺织工业公共服务体系在这两方面都存在问题。

1. 共享性

（1）科研仪器设备缺乏有效的公共管理体系进行开放共享。作为科技进步和创新的基础，行业科研仪器呈现分散、重复、封闭、低效等问题，相关仪器的利用效率和共享水平不高的问题依然突出。发达国家注重整合大型科研仪器设备资源。多个国家从国家层面制定法律法规进行引导，积极推进具有专业特色的开放共享平台建设，并将共享要求作为机构科研计划申报资助和考核的依据，管理单位将用户在使用前接受规范专业的操作培训作为明确要求。为了充分发挥大型科研仪器设备的服务科技创新、服务社会的作用，我国相继发布了《国家科技基础条件平台建设纲要》《关于国家重大科研基础设施和大型科研仪器向社会开放的意见》《国家重大科研基础设施和大型科研仪器开放共享管理办法》等政策文件，当前统一开放的大型科研设施与仪器国家网络管理平台的建设已相对完善，开放共享成效初步显现。但仪器开放共享评价考核结果表明整体优良率依然较低，也发现仍存在部分单位管理机制不健全、仪器管理和利用率不高、仪器购置低效等现象。目前中国纺织行业的科研设备和实验材料依然分散在各个机构，并没有建立起统一的公共服务管理体系和行业共享措施，共享程度比较低。另外，因为设备购置的资金来源、上级主管部门和各机构自身对固定资产的管理办法的严格限制，这些仪器设备以"谁购置、谁使用"为主，在科研机构之间都难以进行共享，更难以向社会开放，造成科研仪器设施的利用不充分。

（2）数据资源缺乏有效整合，共享作用弱。科技数据是科技领域的战略生产资料，其有效流动对科技资源具有带动作用和倍增作用。目前纺织行业的数据库分散在各个机构，一方面已有数据库知名度不够、利用率不高、更新不及时，部分数据资源成为"抽屉数据"和"信息孤岛"，公共服务平台与企业之间信息不对称；另一方面行业企业对公共服务平台信息存储使用的安全性存疑，共享数据信息的意愿不高。

2. 服务功能

（1）跨领域协同创新能力不足，缺少全链条集成创新公共服务平台。欧美国家通过跨领域多主体协同创新，在全球纺织服装领域保持长久的领先地位。中国纺织工业虽也通过建设纺织产业关键技术协同创新中心、产业技术联盟、跨领域跨学科的学术技术交流平台，开展项目合作、园区基地建设、人才互访、科技论坛发布、挑战赛等方式，谋求"跨界融合"。但因为现代科学交叉进一步拓展、底层技术研发能力受限、跨学科复合型高端人才储备不足、各细分行业研发力量布局失衡、从基础研究到市场化的全链条科技创新周期很长、大部分纺织企业生产制造环节不具备融合生产能力，目前纺织行业还缺少力量集中地以跨领域协同创新为特点的全链条集成创新公共服务平台。

（2）平台数字化转型难。要把握数字经济的时代红利，传统行业正在进行数字化转型。纺织行业内广大中小企业没有足够的资金独立建设信息化团队，这就需要行业公共服务平台为企业提供解决方案。但行业对信息技术人才吸引力不强，很多公共服务平台自身信息技术人才严重缺乏，加之不具备信息系统开发能力和运营思维，与信息科技领域合作时处于弱势地位。平台难以完成数字化转型，更难以满足广大纺织企业数字化转型的需求。

（3）平台知识产权运营能力不足，行业科技成果转化效率低。一方面大多数专利技术水平不高、转化价值不高，另一方面行业公共服务平台在科技成果转移转化方面开展服务少、能力弱、对接技术供需双方不到位，针对技术成果市场定价的成果评价体系和政策咨询服务缺位，针对企业的技术孵化、产业孵化功能不足。两方面的因素共同制约着行业科技成果转化的效率。

（4）平台国际化服务能力不足，不能较好满足行业企业"走出去"的需求。伴随"一带一路"深入推进，中国企业的"走出去"步伐加快，提升公共服务平台国际化水平愈加迫切。中国纺织行业公共服务平台目前在国际法律法规、国际标准、国际认证、国际贸易、跨文化沟通、跨国运营、境外安全风险防范方面的人才储备薄弱，相关经验缺乏，短期较难满足纺织企业"走出去"的服务的全面需求。

（5）平台金融手段不足，对中小纺织企业融资需求支持有限。纺织行业企业以中小企业为主，因为融资规模小、频率高、风险大、需求波动大等因素，较难从金融机构获得所需的资金。美国小企业管理局除了对小企业进行技术扶持之外，还通过贷款担保、产业基金、技术创新风险基金、小额贷款等方式进行金融扶持。中国资本市场处于探索成长阶段，资本市场结构不够完善。出于风险防范考虑，信贷机构倾向满足大企业和新兴产业的融资需求，纺织行业公共服务平台虽然提出了对纺织中小企业进行资金和金融扶持的政策建议，但缺乏有效手段和刚性作用，在实施落地时很难解决行业企业融资难的问题。

第三章 中国纺织工业基础能力建设面临的新形势

当前，新冠肺炎疫情反复，世界经济复苏脆弱，气候变化挑战突出，地区热点问题频发，全球制造体系、创新体系、治理体系面临深刻调整。面对复杂的外部环境变化，行业亟须以产业基础能力建设为重要立足点，推动产业实现高质量发展。作为高度全球化的经济领域，纺织行业要实现基础能力的提升，就要准确把握世界经济大图景的新特征、新变化，从未来趋势出发，深度谋划产业基础能力建设路径，共创行业美好未来。

第一节 全球价值链正在发生深刻变革

以复杂多变、不定混沌为特征，世界经济正在进入新的动荡变革期。

一、新常态：世界经济增长乏力，复苏存在不稳定性和脆弱性

世界经济正在复苏，但经济增长缺乏持久动力，前景存在不确定性。有报告预测，全球经济增速将从2021年的5.5%降至2022年的4.0%，再降至2023年的3.5%。债务风险、信用风险等不断累积。2020年1月至2021年10月，全球对冲疫情的财政支出高达10.8万亿美元，发达经济体和新兴经济体债务与GDP之比均创历史新高。大规模刺激政策的负面外溢效应也在不断强化。全球通胀的攀升、汇率的波动、债务的高企，严重冲击了产业链供应链的稳健运行。国际货币基金组织（IMF）预计，2021年，发达经济体通胀率将上升至2.8%，新兴市场和发展中经济体甚至可能会上升至5.5%。全球经济增长正面临系统性压力。

二、新调整：全球经济增长动力发生改变，竞争优势正在改写

面对异常的变化与冲击，具有体系优势的国家正表现出更大的竞争优势与发展韧性。发展质量越高，产业配套越完善，经济的稳定性与健壮性越强。国际货币基金组织（IMF）预测，发达经济体的总产出预计在2022年恢复至疫情前的水平（图3-1）。与之对应，到2024年，新兴市场和发展中经济体（不包括中国）的总产出仍比疫情前的预测值低5.5%。发达国家正替代发展中国家成为全球经济复苏的重要支撑。

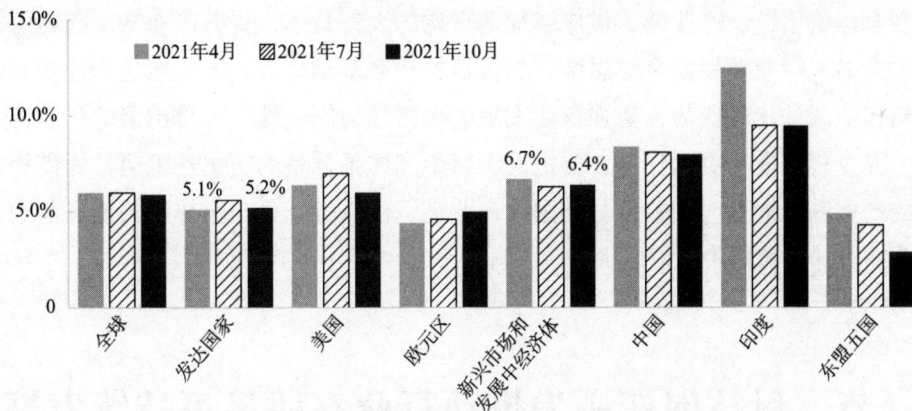

图3-1 国际货币基金组织（IMF）对经济增长预期的变化情况
资料来源：国际货币基金组织（IMF）

三、新格局：全球供应链结构调整回归常态

尽管疫情仍在蔓延，疫情影响经济社会发展的预期正开始趋于乐观。世卫组织在2022年1月表示，新冠肺炎疫情将逐渐变为地方性流行病。英国、泰国等国已经开始进行相关计划。全球供应链的调整开始恢复正常，各国将加快推进以效率与安全为核心的供应链布局。例如，美国2021年通过的《基础设施建设法》《重建更好未来法》等在2022年落地，审议中的《美国创新与竞争法案》也大概率在2022年通过并实施。这些法律都旨在强化供应链回流。同时，随着越南、孟加拉国等制造业重点区域产能的恢复，全球对中国供应链的依赖将有所降低。

四、新模式：产业分工更加专业化、精细化

全球产业发展的比较优势与要素价值正在发生改变。国际分工不断深化，从基于比较优势的产业分工到产品分工，进而转变为要素分工，资本、资源、技术、劳务等生产要素实现在世界范围内大规模流动并优化配置。在经济全球化的背景下，市场一体化与生产分散化逐渐实现统一。国际贸易对象也逐渐从最终产品转变成为中间品。据OECD BTDIXE双边贸易数据的测算，在全球制造业进出口中，中间品占80%左右，资本品和消费品则仅占20%左右。2020年3月，联合国发布的报告指出，中国提供了全球约20%的制造业中间品贸易，是全球经贸发展的有力支撑。

在全球价值链、产业链、供应链加速重构的大背景下，提升产业基础能力的紧迫性更加凸显。行业要树立全球思维，积极填补产业基础能力短板，立足产业发展的既有优势打造新的比较优势，增强行业发展的根植性与安全性，为维护全球产业链、供应链的安全稳定发挥更大作用；要把握国际生产体系调整的历史性机遇，凭借稳固而强大的产业基础能力，积极参与到国际产业链、供应链竞争与合作的关键环节中，实现产业在全球价值链中地位的提升。

第二节　科技创新成为推动行业高质量可持续发展的重要支撑力量

新技术革命正在以创造性破坏的方式深刻改变着整个经济系统的要素组成和连接方式。作为产业升级与消费升级的动力之源，科技创新决定着产业的组织与结构、要素与价值，关系着产业的生产权、发展权与话语权，是产业基础能力提升的基石和动力引擎。行业需要准确把握科技创新的发展态势和演进规律，以科技创新引领产业基础能力建设。

一、科技创新呈现高度复杂的趋势

2021年，诺贝尔生理学或医学奖、物理学奖和经济学奖都聚焦于探讨各类复杂系统的本质特征与内在规律。这从侧面反映出科技创新正成为一个高度复杂的系统。

多学科协作、多技术集成的融合创新正成为全球科技创新的重要特征。数学、物理学、化学和生物学等自然科学与计算科学和社会科学多点突破、交叉汇聚，在相

互促进中不断衍生出新的分支学科。学科领域的多层次和异质性、学科体系的非对称和无规则性、演化路径的多样化与不确定性交错推进，使科技创新不断涌现。所形成的结果是整体大于局部之和。复杂系统可以不断突破传统的认知观念和已有的理论框架，形成新的认知与未知。复杂系统下的科技创新，需要推动大跨度、大纵深的交叉学科融通并行，基础研究的重要性得到进一步强化。全球较为成熟的5500多个学科领域中，接近半数具有交叉融合性质。2021年9月13日，浙江大学中国科教战略研究院发布《重大领域交叉前沿方向2021》，选取新药创制、未来计算、人工合成生物、AI+基因组编辑、脑—意识—人工智能5大领域，凝练形成50项交叉前沿方向。科技的融合加速产业的融合，重构着产业关联；前沿技术的多路径探索正在催生未来技术，孕育未来产业。例如，柔性显示织物重新定义着智能可穿戴产品，生物制造技术的发展改变着产业的原材料来源和生产工艺流程。纺织行业贯穿第一、第二、第三产业，不论是基因工程、纳米技术，还是加工工艺、信息技术，每个领域的技术突破都能牵动行业的发展。行业要进行开源创新，以协同方式化解复杂性问题；要强化基础创新，以确定性去探索不确定性。

二、科技创新呈现高度极化的态势

世界科技创新的资源与能力的分布并不均衡。作为前沿技术的先导，关键要素、重大理论、基础研究成果呈现高度聚集的态势。

1. 要素工具的极化

《2021年欧盟产业研发投入记分牌》报告显示，2020年，全球研发投入最多的2500家企业研发总投资占全球企业研发投入的90%。创新的成效对科研工具的依赖程度越来越高。有研究显示，诺贝尔物理学、化学、医学的获奖成果中，超过68%都要依托当时最先进的科学仪器才能完成。而高精密、高性能、高端化的科研工具集中在少数国家手中。海关总署统计数据显示，中国专业、科学及控制用仪器和装置2016~2019年的贸易逆差均在1300亿元以上，2020年略有下降，但仍然高达900亿元。核磁、质谱、电镜等高端科研仪器基本被国外垄断。

2. 平台的极化

设施集聚、功能集成、要素集约的数据化综合性平台正在成为科学创新的核心支撑。整个科学研究和管理范式都向着"数据密集型科学发现"的范式转变。如IBM的MolGX平台，可以将新材料的发现速度提高10~100倍。2020年，美国桑迪亚国家实验室开发的机器学习算法将材料模拟计算速度提升了近4万倍，在材料设计和筛选方面具有巨大的潜力。

3．理论的极化

　　基础研究的重要性更加凸显，重大的系统创新越来越依赖基础性、根本性的理论突破和底层创新。《美国的技术竞争新战略》《非对称竞争：应对中国科技竞争的战略》均表明基础研究对美国保持领先地位具有关键作用。前沿理论、关键技术的突破是长期发展与积淀的结果。《2020年世界知识产权指标》数据显示，2019年，全球PCT申请量排名前五的国家占全球申请总量的78.23%，研究成果高度极化，如图3-2所示，其发展与应用也呈现出极化的特征。我国科技创新的过程是从应用末端开始逐步向前端研究和基础研究回溯。基础创新、源头创新不足依然是制约我国产业迈向更高层次的瓶颈。工信部2018年统计显示，国内32%的关键材料仍为空白，52%依赖进口。要实现更高质量更有效率的内循环，形成对全球创新资源的强大吸引力，需要在重大基础创新上多做引导，打好关键核心技术攻坚战。

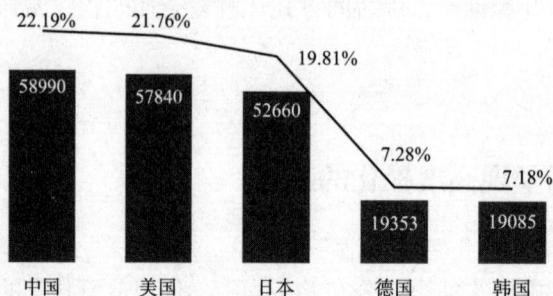

图3-2　2019年全球PCT申请量前五的国家申请数量及占比
资料来源：《2020年世界知识产权指标》

三、应用场景成为科技创新的关键驱动因素

　　当前，基础研究、技术开发、应用研究的边界日趋模糊，创新与需求的联系空前紧密。丰富的应用场景、多元的产业生态已成为我国科技创新的突出优势。构建需求牵引、场景驱动、多主体协同的技术创新体系正在成为国家创新实力的重要体现。行业要充分发挥创新价值链上科学、产业、市场的协同效应，提升新技术向新产品、新业态、新模式的转换，畅通需求与创新的循环。例如安踏与清华大学成立研究中心，专注于前瞻性运动科技研发与创新成果市场转化。从全球看，制造业创新中心、产业技术创新联盟、产学研用联合体等创新平台和科技中介建设，成为提升技术转化的重要方式。如美国的国家制造业创新网络的构建就是致力于推进产学研政合作，实现先进制造技术成果转化与应用推广；斯坦福大学技术许可办公室（OTL）致力于促进技术转化为社会价值、商业价值，2020年实现技术转移收入1.14亿美元。我国科技创新

平台建设成效显著。国家统计局数据显示，2020年我国技术合同成交金额达到28252亿元，同比增长26.1%，如图3-3所示。

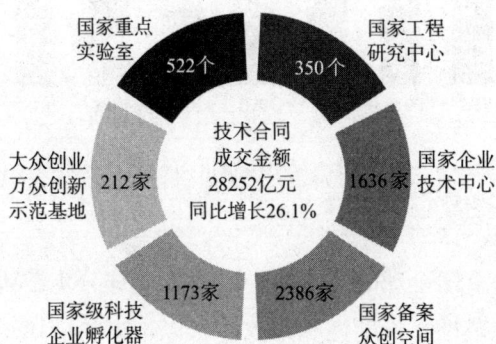

图3-3　2020年我国科技创新平台建设情况统计

资料来源：国家统计局

四、开放合作成为科技创新的重要发展模式

独学而无友，则孤陋而寡闻。世界水准的创新依赖全球范围的合作。科技创新跨越组织边界、学科边界，呈现出链接内外、开放协同的特征。2015~2019年，美中科学合作年均增长10%以上。2020年，即使新冠肺炎疫情全球蔓延，美中专家合作也超过了过去5年的总和。科研力量的组织方式正在从集中创新走向群智创新。2020年中国发表的国际合著论文数同比增长11.1%，合作伙伴涉及169个国家/地区。2021年中科院新当选外籍院士25人，中国工程院新当选外籍院士20人。国内高校和企业对于高端海外专家的吸引力不断提升。在深层次的开放与合作中，我国科技整体科技创新能力实现大幅提升。世界知识产权组织（WIPO）发布《2021全球创新指数报告》，高度评价了中国在创新方面取得的成就，中国创新指数排名上升到全球第12位，连续9年稳步上升。但我国科技创新实力仍有较大差距的事实没有发生根本改变。国家知识产权局数据显示，我国知识产权使用费贸易逆差整体仍呈上升态势，2020年达到289.5亿美元，如图3-4所示。特别是高性能材料的自给率仍然较低。科技创新正在成为大国博弈的主战场。一些发达经济体对我国科技的牵制与封锁不断加剧。自2017年到2021年5月美国政府及其重要智库共发布了209份政策文件和报告，聚焦中国科技发展及中美科技竞争。美国对中国科技等领域已经形成体系化、系统化的遏制与封锁。面对这种形势，实现科技自立自强需要更加坚定开放创新，积极融入全球创新网络，完善知识产权全球化布局，在更高的起点上推进自主创新。

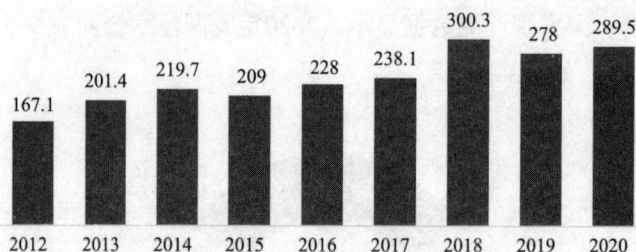

图3-4　2012~2020年中国知识产权使用费进出口总额与贸易差额（亿美元）
资料来源：国家知识产权局

科技创新已经成为重塑全球的竞争格局、改变全球分工结构的核心要素。行业要积极适应科技创新的复杂性、长期性和开放性，以丰富的应用场景和广阔的市场空间为牵引，强化基础研究和应用创新，积极推进开源创新，汇聚全球资源要素，合力攻克"卡脖子"关键核心技术和"短板"问题，推动产业基础能力快速提升。

第三节　数字经济正在重塑产业优势的底层架构

当前数字经济已经成为经济发展的普遍形态。人工智能、区块链、大数据等通用基础技术的发展与渗透正在深刻改变产业的创新和发展范式。《全球数字经济白皮书》显示，2020年，全球47个国家的数字经济规模已经达到326053亿美元，占全球GDP的比重达43.7%。产业数字化仍然是数字经济发展的主引擎，在数字经济中的占比达到84.4%，如图3-5所示。数字经济发展速度之快、辐射范围之广、影响程度之深前所未有，全流程、全场景、全触点、全生命周期的数字化转型正从根本上重塑全球经济结构，赋予产业发展新的内涵。数字经济已经成为产业基础能力呈现的重要场景，也是产业基础能力建设的重要领域。

图3-5　2020年全球数字经济发展情况
资料来源：中国信息通信院

一、新的生产要素

数据资源化、资产化、资本化进程在不断加快。据Statista统计预测，全球数据产生量将从2020年的47ZB[1]增长到2035年的2142ZB，如图3-6所示。数据作为新要素资源，改变了原有的投入产出关系，成为企业重要的战略资源。数据驱动着产业的装备与工具更新和模式再造。例如，阿拉尔市中泰纺织科技有限公司入选工信部2021年大数据产业发展试点示范项目的基于大数据的粘胶纤维生产设备监管应用，通过建立生产设备智能管控系统，对生产过程中的工艺参数进行实时监控，调节生产原料控制、调整工艺技术参数、减少设备维修率、提高了产品质量。另外，通过对数据的深度挖掘，企业也可以获得深刻的商业洞见和决策依据，进而实现全要素生产效率的提升。作为与数字经济深度融合的产业，纺织行业从设计、生产到消费，产生、沉淀了大量数据。这些积累在市场预测、产品设计、趋势发布、智慧营销中蕴含着巨大的价值空间。

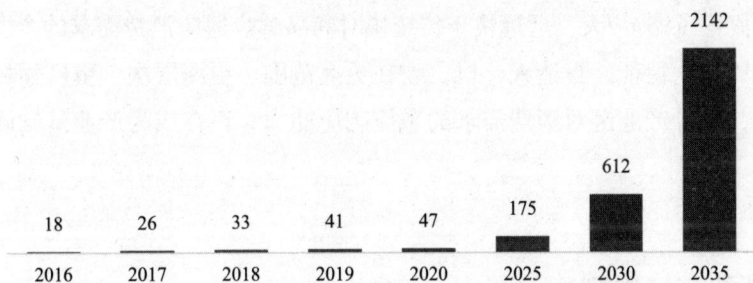

图3-6 2016~2035年全球数据量（ZB）产生情况

资料来源：Statista，2020年11月

二、新的价值空间

虚拟社会、数字世界正在与现实世界叠加，数字化成为一种生存方式。商业场景从物理空间扩展到虚拟空间，价值创造开始从物质世界延伸到意识世界。伴随数字孪生、数字原生、虚实相生，新的数字化文化形态和价值形态正在形成。例如，《梦幻新诛仙》手机游戏以中国传统四大名绣的蜀绣为设计蓝本，进行游戏人物的蜀绣时装设计。数字创意产业成为产业创新发展的重要领域。从虚拟偶像、数字IP到虚拟服装，数字不仅是一种资源，更成为一种资产，当前热议的NFT（非同质化代

---

[1] ZB：计算机术语，代表的是十万亿亿字节。

币）与元宇宙都属于这种范畴。Dapp统计❶，2021年11月22日起一周内，元宇宙房地产总交易额超过1亿美元。这些究竟是真实价值还是资产泡沫尚待观察，但数字资产的出现无疑已为时尚产业打开了一个新的价值空间，对产业基础能力建设提出了新的要求。

三、新的组织方式

移动、泛在的数字网络打破了时空限制，将更多的市场主体与商业场景连接起来，实现了更大范围的市场整合。随着数字经济重心向工业互联网迁移，平台经济已成为制造业实现数字转型、智能升级、融合创新的重要支撑。例如，海尔的卡奥斯"海织云"平台链接了行业1万多家上下游企业，拥有了覆盖纺织全产业链的解决方案能力。另外，更加柔性的供应体系也成为产业比较优势的新来源。智能制造与智慧营销的发展，使得产业链上下游的协同性与耦合性得到提升，供给需求及时匹配，生产要素实现了优化配置与高效循环。例如，SHEIN通过小单快返模式，将一件商品从打样到生产的流程压缩至7天，远远快于传统快时尚品牌。适应消费需求的个性化、多元化和渠道的碎片化特征，打造人、机、物在更大范围、更深层次、更广领域链接的产业网络生态，提升产业链对消费需求的敏捷响应能力，正在成为产业基础能力建设的重要方向。

四、新的市场规则

数字经济正成为全球产业政策和市场监管的重要关切，逐渐从野蛮生长走向有序发展。中国信息通信院报告显示，全球至少有128个国家在数据和隐私保护方面正式通过了相关立法，占全球国家总数的66%。全球正围绕数据资源产权、交易流通、跨境传输、安全保护等领域加快建立制度与规范。随着《数据安全法》和《个人信息保护法》的出台，我国也开启了数字经济治理的新阶段。从内容看，对数字经济的管理开始穿透技术面纱，直击经济关系实质。针对数据垄断、流量垄断、算法垄断和市场垄断的执法正在加强；针对新业态、新模式的税收与管理正在走向规范；针对直播平台内容与知识产权的保护更加明确；针对网络文明与风气建设持续加强。未来，引领产业数字化转型行走在阳光之下、透明之中成为产业基础能力建设的基本要求。

❶ Dapp市场数据和分发平台，Dappradar.com。

五、新的发展格局

数字经济呈现"规模报酬递增"的趋势，领先优势会持续累积，具有明显的反馈效应。数字鸿沟与发展鸿沟呈现相互强化的特征。从全球看，发达国家在世界数字经济总量中的占比超过70%，处于绝对优势地位，经济发展的马太效应进一步加深。从国内看，数字经济的发展也没能改变以胡焕庸线划分中国区域经济的基本格局，如图3-7所示。根据阿里研究院研究，2016~2020年，以在线商品出货规模为评判标准，中国前10的数字化产业强省排名与实体经济大省排名高度一致，并且数字经济赋能使得这些强省的优势地位与规模占比进一步提升。在数字经济中相对弱势的一方存在着被低端锁定与边缘化的风险。只有更多的主体更充分地参与到数字经济中，才能真正地释放产业势能、发展潜力。如何实现数字经济下产业的协调发展，是未来行业基础能力建设需要重点思考的问题。

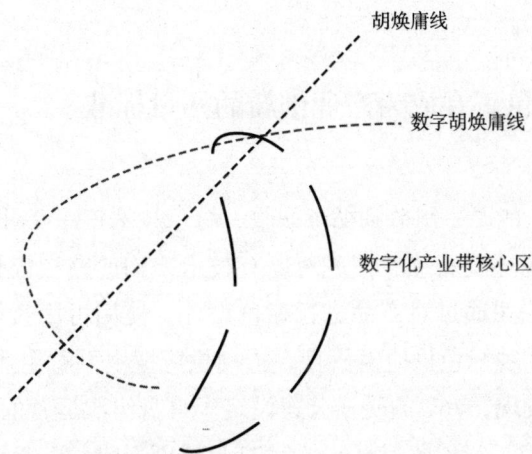

图3-7　数字胡焕庸线
资料来源：阿里研究院

产业基础能力建设需要顺应数字经济下新的价值逻辑和市场规则，以数字技术为核心、数据赋能为主线、组织模式变革为基点，充分发挥平台经济优化资源配置的作用，推动产业实现全产业链的数字化、智能化，促进产业的高质量发展。

第四节　绿色发展成为纺织工业基础能力建设的重要方向

　　《全球风险认知调查2021》报告显示，全球前五大风险中四个是环境风险。2021年河南的暴雨灾害也凸显了气候保护在未来经济社会发展中的重要性。当前，世界主要经济体普遍把发展绿色经济作为破解资源环境约束、应对气候变化、培育经济新增长点的基本路径。截至2021年1月，已有127个国家/地区提出碳中和的目标。2021年7月14日，欧盟委员会在其"Fit for 55"一揽子计划下公布13项政策，以确保欧洲大陆实现2030年与2050年的碳减排目标。绿色发展正在引领新的价值判断，成为贯穿产业发展全过程的普遍标准。构建绿色发展的产业体系是产业基础能力建设的重要内容。

一、绿色正在成为产业创新的衡量标准

　　从材料、能源、制造到循环回收，绿色技术正深度融入产业价值链的各个环节，成为突破资源环境瓶颈、摆脱对原有技术架构的路径依赖、实现可持续发展的重要手段。跨国公司通过对产品进行绿色设计、使用可回收材料和可再生能源、进行清洁生产等，实现绿色供应链管理，推动供应链上下游企业减排。对300多家跨国公司的一项调查发现，76%的受访公司设定了自身组织运营的碳中和目标，其中90%的公司计划到2030年实现此目标。《2021全球创新指数》显示，环境领域的科学产出在2020年增长了21.2%，超过电气和电子工程，位居全球第二。循环经济成为行业转型升级的重要方向。2018年，全球二手服装总进口量达41亿美元。中国每年在生产和消费环节产生600万吨左右废旧纺织品（不包括存量），并以超过10%的速度增长。2020年，全球至少有15.6亿个口罩因处理不善流入海洋，降解需要超过450年。这样一组数据揭示了行业发展循环经济的重大责任和广阔空间。在技术与理念的创新驱动下，产业循环在产品设计、材料创新、生产制造、流通销售、展览呈现等环节正在开启新的打开方式。如牛奶基纤维、蘑菇皮革等绿色材料正在从根源上推动可持续时尚。能否实现经济价值与生态价值的统一，成为衡量创新成效和产业基础能力的重要标准。

二、绿色正在成为价值创造的重要来源

在市场与政策的引导驱动下，绿色正成为价值的重要来源、投资的重要方向。国家相关政策的陆续出台凸显了对绿色转型和长期价值的支持。工信部等四部门发布了《关于加强产融合作推动工业绿色发展的指导意见》，推动建立工业绿色发展的产融合作机制，优化产融合作平台服务，支持各类要素资源向绿色低碳领域不断聚集。中国人民银行（简称央行）也推出新的碳减排支持工具和专项再贷款，支持金融机构向碳减排重点领域相关企业发放绿色贷款。中国银行研究院数据显示，2010~2020年，全球ESG债券市场增长了近110倍。全球可持续投资联盟报告显示，ESG领域的投资增长也最快（图3-8）。中国绿色金融发展迅猛。银保监会数据显示，2020年末，我国21家主要银行绿色信贷余额达11.6万亿元，信贷规模居世界首位。2021年，全国碳排放权交易市场成交量突破1亿吨大关。排污权交易市场也日渐活跃。2020年1月至2021年1月，柯桥区完成了147笔排污权抵押，抵押金额达72.15亿元。中国VC公司在绿色相关技术方面的年投资金额也出现明显增长。中国宣布"碳中和"的愿景目标之后，绿色转型更是处在了资本和政策的风口，绿色发展领域突飞猛进。2011~2020年，A股市场披露年度企业社会责任报告的公司数量呈现增长趋势。为了适应资本市场的新变化，行业迫切需要加快提升使用绿色金融工具的能力，以金融创新带动产业创新。

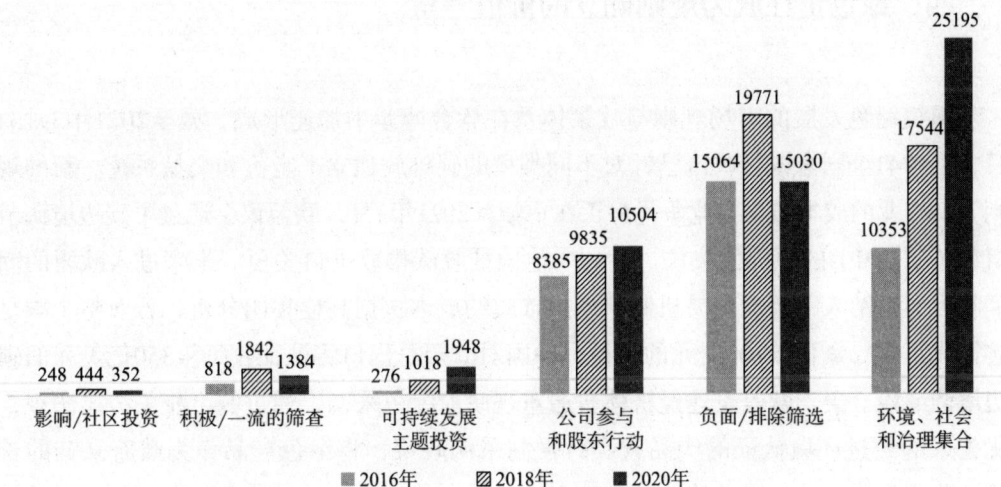

图3-8　全球可持续投资资产价值（单位：10亿美元）
资料来源：全球可持续投资联盟报告。

三、绿色正在成为市场需求的重要趋势

从消费市场看，越来越多的消费者开始从环保、社会责任等维度审视产品价值，绿色消费的价值理念在消费升级中加速形成。IBM调研表明，2021年全球84%的消费者在选择品牌时更看重可持续性。运动品牌Allbirds迎合年轻一代的消费理念，用羊毛、桉树和甘蔗等天然材料打造运动休闲鞋履，并通过计算每件服装生产过程中的可能碳排放，决定选择更少碳足迹的生产工艺。Allbirds成功建立起舒适、环保的品牌形象，2021年11月3日上市的开盘价格就达到了21.21美元，超过IPO价格15美元的60%，目前公司市值已经超40亿美元。更好适应消费市场的变化，推动产品全生命周期的绿色转型，成为企业赢得未来的关键。从政策保障看，发展改革委2022年发布了《促进绿色消费实施方案》，从加快提升食品消费绿色化水平、鼓励推行绿色衣着消费、积极推广绿色居住消费、大力发展绿色交通消费等八大重点领域提出了具体措施，并提出到2025年，绿色消费理念深入人心，奢侈浪费得到有效遏制，绿色低碳产品市场占有率大幅提升，重点领域消费绿色转型取得明显成效，绿色消费方式得到普遍推行，绿色低碳循环发展的消费体系初步形成。到2030年，绿色消费方式将成为公众的自觉选择，绿色低碳产品将成为市场主流，重点领域消费绿色低碳发展模式基本形成，绿色消费制度政策体系和体制机制基本健全。

四、绿色正在成为规则确立的价值考量

围绕绿色发展的市场规则与政策体系在竞合博弈中加速形成。截至2021年3月31日，全球41个国家或行政区已针对不同类型的碳排放建立了定价和交易系统。新的规则下，产业的成本结构与竞争优势正在重塑。2021年3月，欧盟议会通过了碳边境调节机制（CBAM）的原则性决议，计划向他国征收碳排放进口关税。未来进入欧盟的商品将可能被纳入欧盟碳交易机制，承担碳履约成本。据高盛集团分析，若对整个碳足迹征收每吨二氧化碳100美元的碳税，中国对欧盟总出口将被征收每年350亿美元的碳边境调节税。美、欧等发达经济体普遍重视政府绿色采购，通过制定相关法律法规，优先采购经过环境认证的产品或实行强制采购政策，将绿色产品作为政府采购的首选。美国在推行政府绿色采购方面建立了比较完善的法律政策体系；欧盟发布《政府绿色采购手册》，制定"绿色公共采购共同标准"，指导各成员国在采购决策中考虑环境问题。纺织行业需要增强适应规则变化的能力，提升企业应对绿色壁垒带来的成本上升风险的能力。

在碳达峰、碳中和目标约束下，长期绿色转型与短期经济平稳发展之间的平衡

对产业基础能力建设提出了新的要求。行业要加快绿色技术与工艺的突破与应用推广，开发绿色发展的管理方法和工具，完善绿色发展体系，推动产业绿色发展基础能力的提升，进一步提高产业的规则适应性，拓展产业的价值空间，赢得未来发展的主动权。

第五节　新阶段、新格局下产业基础能力建设面临的新条件约束

新格局下，人口分布、区域格局、市场需求都在发生结构性调整，构建于这些之上的经济体系也将随之改变。国内发展环境的深刻变化，使产业基础能力建设面临新的发展要求和条件约束。

一、人口的结构性调整

作为生产力中最活跃的要素和市场需求的根本来源，人口调整决定着产业与市场的布局，是影响社会经济发展的基础变量。当前中国人口总量仍是世界第一，但人口的数量规模、区位分布、年龄层次、教育程度、收入水平等都在发生结构性变化，对产业基础能力建设提出了新的条件约束与发展要求。

1. 老龄化、少子化已成为我国人口变化的显著特征

当前，低生育率已成为全球性现象。联合国人口基金的报告显示，2019年，全球203个国家/地区中，84个国家/地区总和生育率低于2.1%的更替水平。中国人口出生率也连续两年跌破1%，2021年仅为7.52‰。我国人口老龄化规模大、速度快。2021年65岁及以上人口占比突破14%，这标志着我国已经进入深度老龄化社会。据第一财经统计显示，南通、资阳、泰州、自贡等11个城市已于2020年进入超老龄化阶段。人口年龄结构的变化将对消费理念和市场需求结构产生深远影响。

2. 中国劳动力人口数量和占比持续下降

国家统计局数据显示，2020年，15~59岁劳动年龄人口规模为8.94亿人，占总人口的比重为63.35%，相比2010年减少6.8%，如图3-9所示。作为劳动力市场的主体，农民工人数也首次出现下降，比2019年减少517万，如图3-10所示。尽管延迟退休和放开"三孩"等政策相继出台，但扭转劳动力供给减少态势的难度很大。我国已进入人口红利的后期。联合国中等变量预测显示，2030年，我国的人口抚养比将超过50%，人口红利即将消失。人口规模红利的消失使产业过去粗放式发展的模式变得难以为继。行业迫切需

要加快产业基础能力建设，促进产业结构调整，提升对劳动力结构的适应性。

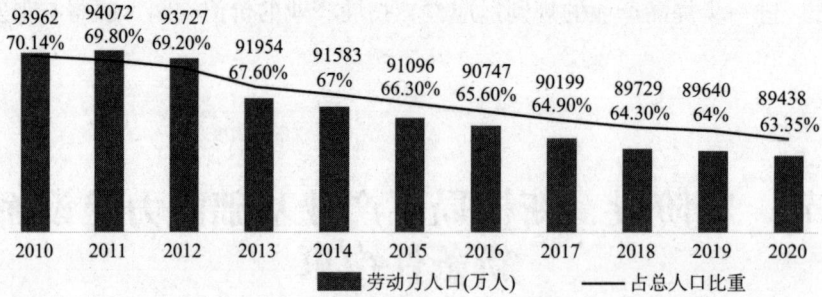

图3-9 全国15~59岁（含不满60周岁）劳动力人口统计情况
资料来源：国家统计局

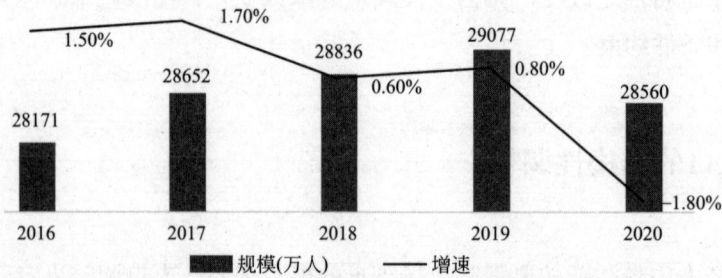

图3-10 2016~2020年中国农民工规模及增速
资料来源：国家统计局

3. 参与经济活动的主体正在改变

人力资本持续积累。教育部数据显示，2020年，中国劳动年龄人口平均受教育年限提高至10.75年，拥有大学文化程度的人口比例达到15.5%。人口素质的提升正在形成产业发展的潜力。人口适应性持续提升，IMF数据显示，2020年中国人均GDP达到10484美元，是1990年的33倍多。用相同时间人均GDP变化来衡量人口经历的变化，中国拥有的是经历过全球最剧烈的发展与变革的庞大人口。这样的人群具备强大的接纳和适应创新的能力与自信。同时，新一代劳动者成长于中国崛起之时，具备良好的教育素养和国际视野、高度的国家认同和文化自信。伴随主体的变化，更多具有新经济基因和体现文化自信的市场主体、本土品牌，以及需求和业态都更为丰富的消费市场不断涌现，为行业发展蓄积强大的创新势能。

4. 人力资源的流动呈现不平衡态势

"未来已来，只是没有均匀分布。"人口的流动特征是现实对威廉·吉布森这句名言的很好诠释。

不平衡存在于区域间。人口流动的方向与产业转移的方向相背离。从全国人口流向上看，人口持续向东部沿海经济发达区域和城市群聚集；省内流动主要是普通地市向省会城市转移。中心城市的虹吸效应愈加显著。而产业的主要布局在周边县域、产业转移的空间在中西部地区。人口的集聚是产业活力的集聚、市场的集聚与创新的集聚。纺织行业发展既要适应这样的客观变化，也要主动引导人口的合理布局。

不平衡存在于产业间。从就业偏好与人才分布来看，劳动力正从制造业领域向服务业领域转移。尤其是新生代劳动力更加倾向于慢就业、短工化、高流动的就业形态。中智咨询调查结果表明，2020年蓝领员工主动离职率平均值为29.3%。报告显示，2020年从事制造业的农民工人数从2016年的30.5%下降到27.3%，从事第三产业的农民工比重上升到51.5%，如图3-11所示。收入分配不合理的现象正在深刻改变着人们的就业预期与就业选择，2021年只有29.8%的理科毕业生与39.5%的工科毕业生倾向技术岗位，这样的趋势削弱了未来产业发展的基础和潜力。

人口在产业间和区域间分布的不均衡，进一步加剧了劳动力市场的内卷与错配。近年来，我国劳动力市场技能—岗位的错配率超过50%，远高于经济合作与发展组织（OECD）国家10%以下的平均水平。纺织行业需要采取积极行动推动人才资源与产业升级间形成正反馈。

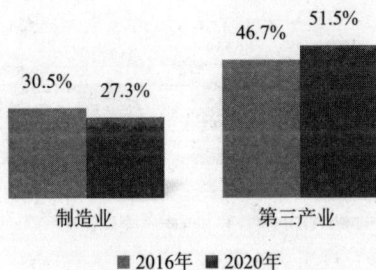

图3-11 中国农民工从事制造业和第三产业的比重
资料来源：国家统计局

为顺应人口变化的客观规律，行业一方面需要强化产业基础能力建设，提升产业结构对消费需求结构和劳动力供给结构的适应能力；另一方面要树立新形象、开启新认知，提升行业对人力资源的吸引力，打造一支新时代支撑高质量发展的优秀人才队伍，强化产业基础能力建设的人力资源保障。

二、区域的结构性调整

我国经济发展的东西差距、南北差距、城乡差距、沿海内陆差距依然突出。有研究显示,2012~2019年,北方经济占全国比重从42.9%下降到35.4%,南北经济总量差距从14个百分点扩大至29个百分点;2020年,城乡居民收入倍差2.56;东部与西部、中部与西部、东北与西部地区的收入之比分别达到了1.62、1.07、1.11。2021年上半年,31个省(自治区、直辖市)经济数据显示,排名最后的西藏GDP总量仅为排名第一的广东的1.62%;在经济总量超2万亿元的11个省市中,东部占6席。"十四五"时期,推动区域经济结构的平衡化与协调化发展将是区域发展的重要方向,也将是纺织产业基础能力建设关注的重点。

当前,我国区域结构变化呈现两大特征。

城市群已经成为我国经济发展的主要空间载体和区域结构的显著特征。2020年,长三角、珠三角等七大城市群汇聚了全国55%的人口、创造了全国63%的GDP,如图3-12所示。区域发展呈现高度集聚、层次分明、协调发展、深度融合的趋势。其中,中心城市正在发挥引领作用,向国际化消费中心、创新中心和时尚中心迈进,北京、上海、广州、天津、重庆五市已在国务院批准下率先开启了国际消费中心城市建设,而周边区域则依托产业优势、资源优势,向着世界先进产业集群发展。

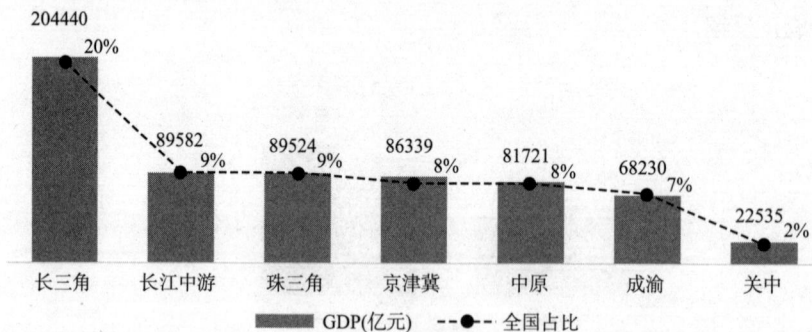

图3-12　2020年七大城市群GDP及全国占比
资料来源：FT中文网

值得注意的是,制造业聚集地在带动区域经济融合发展中的作用更为关键。2021年一季度,深圳GDP在珠三角城市群的占比为31%,货运量在区域内占比为14%,而佛山和东莞GDP分别占区域的12%、11%,但货运量在区域内占比高达18%、19%。在长三角地区,苏州的GDP占比低于上海,但货运量在区域内占比较上海要高。货运物流量在区域内占比越高,一定程度上说明与区域经济融合互动水平越高。这些制造业集聚地(也是纺织产业重镇)对于区域融合的带动效应要高于其在区域GDP中的比重。浙江作为全国唯一的共同富裕示范区,也是纺织产业集群数量最多的地区,这是产业带动区域融合平衡发展很好的例证。协同发挥"极化效应""扩展效应""回程效应",将城市群的梯度势差转化为区域协同发展优势,是纺织产业布局的重要方向。

　　国家正在大力推进以县城为重要载体的城镇化建设。县域经济是未来发展的活力与潜力所在，县城和乡镇是纺织服装产业集群的重要载体。2020年，全国38个GDP过千亿的县城中，除陕西神木、贵州仁怀外，其余36个县城均将纺织服装产业作为经济发展的支柱产业，如图3-13所示。数字经济、服务经济与行业的深度融合，也为县域经济的崛起注入了新动能。以"北上广曹"成功出圈的曹县，是重要的汉服和演出服生产基地，孕育了1.8万个淘宝店，成为数字化助推区域协调发展的标杆。

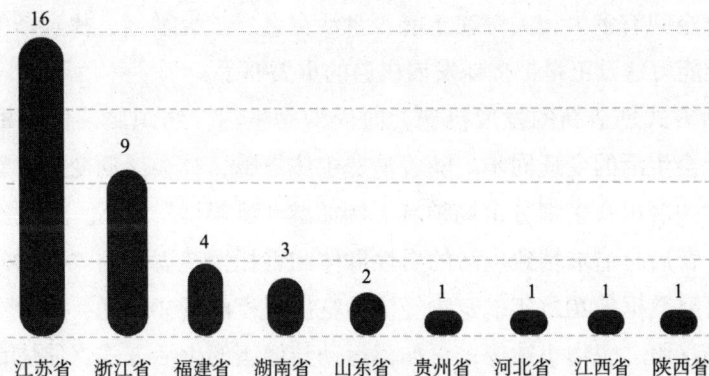

图3-13　2020年全国38个千亿县的分布情况
资料来源：公开资料整理

　　乡村振兴成为区域协调发展的关键所在。2021年"击穿"抖音的"张同学"通过还原乡村生活，58天"圈粉"千万，单个视频点击量动辄过亿。他的成功正是当前乡村经济社会结构转变的一个生动缩影。在政策引导下，人才、资本、技术等优质要素资源开始从城市加速向农村汇聚。数据显示，2020年，全国各类返乡入乡创业创新人员达到1010万人，同比增长19%，农村正在成为我国创新创业的沃土。随着农村居民收入的稳步提升，农村市场已成为扩大内需的重要阵地。商务部数据显示，2020年，乡村消费品零售额达5.3万亿元，比2015年增长26.1%，增速连续8年快于城镇。拥有5亿多居住人口的乡村，正在形成未来市场的战略纵深。纺织行业与第一、第二、第三产业深度关联，具有很强的就业带动效应和产业延展性，在推进乡村振兴中具有特殊作用。

　　面对区域的结构性调整，行业要充分权衡区域资源条件的优势与束缚，一方面通过优化产业布局为产业基础能力释放提供有利条件，实现产业与区域的协同发展；另一方面要以产业基础能力提升化解区域资源要素的约束，推动产业实现新的突破。

三、市场的结构性调整

不确定性是当前外部环境的主基调，内需市场已成为产业发展的战略重心。2021年，我国GDP同比增长8.1%，人均GDP超过1万美元，14亿人口（其中4亿多为中等收入人群）是全球最有潜力的消费市场。2021年上半年，内需对中国经济增长的贡献率达79.1%。另外，内需市场正在加速转入存量经济，产品同质化、产业内卷化特征更加突出。未来空间有多大，关键在于能否盘活存量、扩大增量，找到新的突破口，而强化产业基础能力建设正是把握新发展机遇的重要抓手。

新的生活方式创造新的发展机遇。时尚即是生活。纺织服装作为重要的民生产品，始终与社会生活的变迁同步。随着消费主体更替，社会活动变迁，新生活方式正在形成，同时裂变出众多细分市场领域。例如继"她经济"之后，"他经济""它经济"的崛起，背后是追求精致生活的男性群体和寄托情感需求的"宠物经济"。根据艾瑞咨询的研究数据，2021年，宠物经济的整体规模已近3000亿，其中纺织服装是重要品类，如猫汉服、宠物小被等；再如，运动与健康的生活方式，使体育用品成为行业具有成长性的领域。据欧睿统计，2020年，国内运动鞋服行业市场规模达到3150亿元，预计2021~2024年复合增速将达到12.2%。冬奥会、冬残奥会及杭州亚运会的举办也将进一步为国内运动品牌带来多元化、高端化、国际化的契机。

新的应用场景创造新的发展机遇。实体渠道线上化、线上渠道实体化，运动品牌休闲化、休闲品牌运动化，机织产品针织化、针织产品机织化，在存量经济的逻辑下，大家都在努力成为彼此。技术与工艺的创新，使跨领域的应用扩展成为可能。柔性显示织物和纤维型材的革命性替代，正在给产业带来无限的想象空间。如复旦大学高分子科学系彭慧胜团队通过解决聚合物复合活性材料和纤维电极界面稳定性难题，连续构建出兼具良好安全性和综合电化学性能的新型纤维聚合物锂离子电池。在材料创新的支撑下，我们正在进入万物可织的时代。

新的模式创新创造新的发展机遇。根据国家统计局数据，2020年，我国实物商品网上零售额为9.76万亿元，占社会消费品零售总额的24.9%。新冠肺炎疫情之下，线上市场的重要性进一步强化，而模式创新也在将更多的市场主体与商业场景连接起来。从跨境电商到农村电商，更大范围的市场正在整合；从直播电商到兴趣电商，更多维度的业态开始叠加。海关数据显示，2020年，中国跨境电商进出口1.69万亿元，增长31.1%，如图3-14所示。2020年，全国农村网络零售额达1.79万亿元，其中纺织服装占28.4%，为最大品类，如图3-15所示。

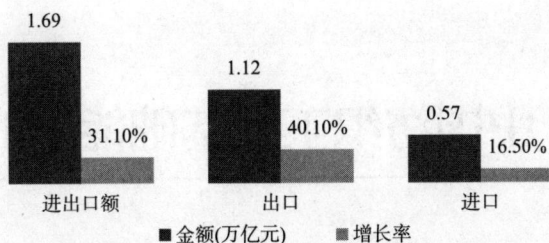

图3-14　2020年跨境电商进出口
资料来源：海关统计

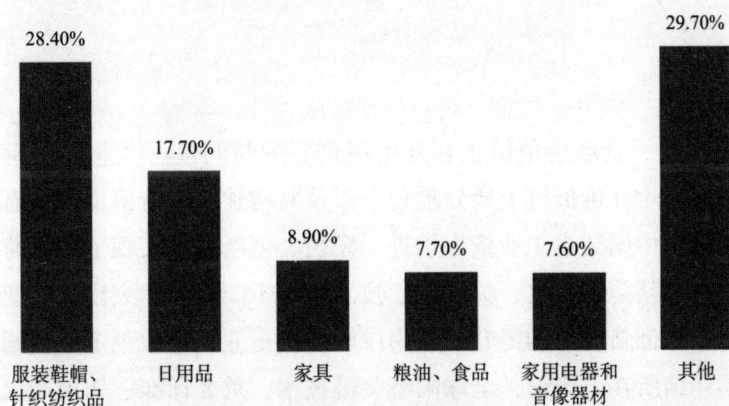

图3-15　2020年农村电商网络零售额按商品类型分布
资料来源：商务部、前瞻产业研究院

　　为适应市场的结构性调整，行业需要加快提升产业基础能力，才能在生活方式的变迁、应用场景的创新以及发展模式的变革中把握新的发展机遇，推进行业市场空间实现进一步延展。

第四章 中国纺织工业基础能力的提升路径

百年变局之下，全球价值链正在发生深刻变革与调整。产业基础能力在很大程度上决定了产业在全球价值链上所处地位，以及对构建全球价值链所拥有的治理权、控制权。多年来，中国纺织工业依靠引进、模仿、创新模式实现了技术跨越和经济快速发展，而原始创新能力不足、关键核心技术卡脖子问题依然突出。产业基础能力薄弱严重制约了系统创新能力的提升，成为中国纺织工业长期被锁定在全球纺织价值链中低端环节的症结所在。当前，全球围绕关键技术、重要标准、知识产权、创新体系的竞争已经呈现白热化趋势，在大国博弈的背景下，中国纺织工业在先进材料、高新技术和高端装备等领域对国外先进技术和产品的依赖将从潜在风险变为现实的安全威胁。

在中国共产党的领导下，经过百年奋斗，中华民族伟大复兴进入了不可逆转的历史进程。中国纺织工业肩负国家富强、民族振兴、人民幸福的使命与担当，同时也迎来了空间延展、价值提升的历史性机遇。纺织行业要认清形势、把握机遇，科学谋划产业基础能力建设的最佳路径，在新的发展环境下实现新的作为。

第一节 产业基础能力建设的方向与原则

中国纺织工业要在基本实现纺织强国目标的基础上，重点把握产业细分领域特点，围绕国家政策要求、技术场景应用、产业发展需求、产业链布局等方面，全面提升行业基础能力，为行业实现更高质量、更有效率、更加公平、更可持续、更为安全的发展打下坚实基础。

一、坚持创新引领

把科技自立自强作为产业发展的战略支撑，注重原始创新和应用创新。聚焦关键原料、基础材料、先进工艺、高端装备及关键零部件等领域的关键核心技术突破，强化产业链安全、可持续发展能力。

二、坚持市场导向

营造公平竞争的营商环境，促进资源和要素的自由流动、平等交换和高效配置。强化企业主体地位和主体责任，激发企业的创新创造活力。顺应市场发展趋势，以扩大有效供给和品质提升满足新需求，推动消费和投资良性互动、产业升级和消费升级协同共进，实现更有质量和效益的增长。

三、坚持系统推进

着眼于国内国际两个大局，做好前瞻性、战略性规划。统筹发展与安全、全局与重点、短期与长远，分步骤、分阶段有序实施，推动行业实现发展质量、结构、规模、速度、效益、安全相统一。

第二节　硬性基础能力提升路径

纺织基础材料、基础工艺、装备及零部件等硬性基础能力是产业从中低端向中高端发展的前提，是科技创新转化为生产力的关键所在，是产业核心竞争力的重要支撑。当前，发达国家凭借其科技领先地位，不断强化对关键核心领域的技术壁垒和产业垄断。中国纺织工业正处于转型升级的战略机遇期，提升硬性基础能力变得更加紧迫。

行业应面向世界科技前沿、面向经济主战场、面向国家重大需求、面向人民生命健康，强化自主创新。围绕关键产品、关键技术加强基础理论研究、应用基础研究和应用开发研究，打好关键核心技术攻坚战，构建体系化的创新能力。要促进创新链与产业链深度融合，推动创新成果加快转化为现实生产力。完善从原料开发、纤维制备、纺纱、织造、印染、后整理到应用的全产业链先进生产制造体系，提升产业基础高级化和产业链现代化水平。

一、提升纺织基础材料供给能力

关键基础材料作为产业链的最上游环节，对产业的发展具有支撑性、引领性和颠覆性作用，是构建现代纺织产业体系不可或缺的物质基础。

在关键基础材料研发和生产方面，我国还存在创新能力不强、创新链与产业链协同程度不高等问题，尚不能完全满足产业发展需要和社会经济发展需求。行业需要坚持全球视野，把握世界科技前沿发展态势，在关系长远发展的基础前沿领域超前部署；要高度重视上游常用化学品、合成纤维单体以及纤维等纺织基础材料的供应安全，加快推进科技含量高、市场前景广、带动作用强、保障程度低的关键基础材料技术突破以及产业化、规模化发展。

1. 提升高端纺织关键原料、辅料、助剂的自主供给能力

注重基础纤维原材料的研发攻关和产业化生产，保障原料供应安全。努力实现己二腈等关键制备技术的自主可控，推动规模化生产；促进煤化工与化纤产业的融合发展，推动纺织原料来源多元化，降低石化原料所占比重。

关注支撑产业生产的关键材料和辅料。准确把握产业链各个环节的生产需要，攻克母粒、油剂、功能添加剂、新型改性剂、催化剂等产品的高端核心技术和绿色制备技术，提升国产产品品质，降低进口依存度。重点突破高性能纤维用油剂关键制备技术；发展钛系或多元金属催化剂等新型环保催化剂的合成及产业化技术。

加大绿色化学品的开发力度。着重突破能够替代PVA的环保型纺织浆料、高牢度新型纳米涂料、低尿素活性染料印花、液态分散染料制备、分散染料碱性染色等关键材料和技术。

2. 推动先进基础纤维材料向柔性化、差别化、功能性方向发展

当前，化学纤维产业产能结构性过剩，常规化学纤维品种同质化竞争激烈、附加值低等问题亟待解决。

提升常规纤维的高效柔性化制备技术。重点突破聚酰胺6熔体直纺、氨纶熔融纺丝等关键技术。

注重差别化、功能性纤维的品类创新和品质提升。围绕纤维的基本属性改变和衍生属性拓展，利用共聚、共混、复合纺丝等技术，提升纤维差别化、功能性水平。开发智能化、高仿真、高保形、舒适、易护理、阻燃、抗静电、抗紫外、抗菌、相变储能、光致变色、生物可降解等高附加值、功能性及多功能复合改性化学纤维，提供更多能更好满足生产生活需要、特种需求的功能性纺织产品。

3. 加强高性能纤维的关键技术及工艺研发

高性能纤维及其复合材料广泛应用于航空航天、轨道交通、新能源、环境保护、医疗卫生和基础设施建设等重要领域，是保障国家重大战略实施和战略性新兴产业发展的关键材料。要前瞻未来产业发展需要，坚持"产品自主、技术自主、体系自主"的发展思路，加快实现高性能纤维及其复合材料的自主研制和供给保障，突破发达国家对相关原材料、技术和装备的封锁，形成战略纤维材料产业体系。

持续提升现有品种的系列化、多样化、工程化和产业化供应能力。加快突破碳纤维、超高分子量聚乙烯纤维、对位芳纶等高性能纤维及其复合材料的设计、加工、制备瓶颈，提升技术的成熟度，确保产品性能的稳定性、均一性。推动T1100和M60J等高级别碳纤维产业化；发展耐热抗蠕变超高分子量聚乙烯纤维制备技术；突破高伸长低模量对位芳纶、高强型聚酰亚胺纤维、高模量高可靠连续玄武岩纤维等高性能纤维制备及规模化生产技术。提升国产高性能纤维材料的自给率，实现更多产品供给质量达到国际先进水平，推动更多产品进入国际供应体系。

努力实现更多"从0到1"的突破，填补国内高性能纤维技术的空白。加强全芳族聚酯液晶纤维、芳杂环纤维、聚对苯撑苯并二噁唑纤维等高性能纤维制备技术的研究，实现关键核心技术的自主可控，保障国家战略物资安全。

4. 推进生物基纤维及其原料的关键技术研发和终端产品应用

生物基纤维技术的突破及产业化生产，拓展了纤维材料的来源，有利于增强原料供应的稳定性。同时，其绿色、环境友好、可再生可降解的优良特性，有助于加快构建绿色低碳循环发展的产业体系。

关键单体和聚合物原料是制约我国生物基纤维产业化进程的重要因素。促进基因技术、工业微生物技术、生化技术和聚合工艺的快速发展，拓展生物质原料资源，突破生物基单体、聚合物的高效制备技术瓶颈，不断提升纯度和稳定性，推进原料的规模化、低成本化生产。攻克高浓度海藻纺丝液制备技术和高效低成本壳聚糖提取关键技术。

加快推动生物基纤维关键纺丝技术的研发和规模化应用。开发PLA、PBS、PBSA、PESA、PHA等高性能脂肪族聚酯纤维，研究10万吨级l-乳酸-丙交酯-聚合-聚乳酸（含熔体直纺）纤维规模化高效制备技术；突破莱赛尔纤维国产化装备大型化技术、低成本原纤化控制技术、溶剂高效回收技术，建立单线纺丝能力6万~10万吨/年莱赛尔纤维生产线；攻克万吨级海藻纤维产业化成套技术及装备等。

提升生物基纤维及其制品的高品质化、差别化、功能化和规模化生产加工能力，拓展其在医疗卫生、医用敷料、口罩、防护服、消防服等领域的应用。

二、提升纺织基础工艺水平

纺织基础工艺具有量大面广、通用性强的特点，对于增强新品开发能力、改善产品结构性能、提升质量和效率具有基础支撑作用，是全面提升生产制造能力和自主创新能力、推动产业转型升级的切入点和突破口。

行业要从原料生产、纺织染加工到回收利用全产业链的基础工艺着手，结合新材料新技术新装备应用、精益化管理、数字化智能化转型、绿色生产的要求，不断简化工艺流程，持续提高集成度，最终使部分高附加值生产工艺取得明显进展，相关产品也能基本满足国内重点领域需求；绿色生产工艺得到广泛应用，行业用能结构进一步优化，能源和水资源利用效率进一步提升。

1. 系统优化纺纱工艺技术

纺纱工艺是纱线制备的核心技术。

要持续推进传统环锭纺纱技术的改进和改造。加快发展数码纺、柔洁纺、磁吸纺、聚纤纺和多重集聚纺等环锭纺纱新技术，提升生产效率和效益。

要开发新型纺纱工艺。推动转杯纺纱、喷气纺纱、涡流纺纱等新型纺纱工艺的创新发展与应用，拓展纱线品种与品类。进一步优化环锭纺、转杯纺、喷气涡流纺纱的产能比例。

提升纺纱技术的自动化水平。开发棉条自动接头、圈条成型、棉条翻转和工艺配置技术以及细纱自动接头技术，优化精梳机棉卷自动生头技术、纺纱全流程质量在线检测技术。

改进麻纺加工工艺，提升产品的稳定性。加大差异化、双/多组分、花式纱线生产工艺的开发力度。提高电磁智能纱线、彩色渐变纱、段彩纱、定位包覆竹节纱、语音纱线、精准花式纺纱、高品质彩点纱、新型接头纱、粗细纱、雪尼尔纱等花式纱线的性能和技术水平，以产品创新创造新的需求。

2. 全面提升织造工艺技术

上浆工艺水平是影响织造效率和产品质量的重要因素。提升高压上浆、热熔上浆、干法上浆、泡沫上浆等工艺水平；加快环保型PVA替代浆料、淀粉浆料等绿色上浆工艺的开发与应用。

加大织造工艺创新，提升其适应性和稳定性。重点突破色织、高支高密织物等高档面料的生产加工难题。加快提升高机号提花、大位移和大力矩提花、精密数字提花、高效复杂提花等精细、高效、复杂提花工艺以及控制系统的稳定性。

突破三维织造技术及生产工艺。推动三维机织物规模化生产与产业化应用；进一步拓展高性能纤维编织工艺，提升大尺寸及复杂结构纺织复合材料预制件的加工能力，适应航空航天、国防军工等重要领域、重大工程的产品需求。

3. 加快提升非织造工艺技术

非织造布具有性能结构优越、生产工艺高效和成本相对较低等优势。要加快推动中国非织造布材料和工艺等方面的创新发展，进一步强化产品品质、技术积累、产业规模、综合成本等方面的优势。

要持续提升水刺、针刺、纺粘等非织造加工工艺，进一步改善产品的纵横向强力、外观均匀性和手感功能。重点开发闪蒸法、静电纺丝、电晕驻极法等新型非织造加工关键技术，提升产业化应用规模和工艺水平。加快形成防水透湿纳米纤维膜、长效水驻极非织造材料、高强粗旦丙纶长丝非织造布、双组分纺粘水刺长丝超细纤维革基布、生物基聚酰胺非织造布、高品质口罩用熔喷布、医疗卫生用PLA双组分纺熔非织造布等功能性非织造布产品的加工制备能力。

提升产业用纺织品开发和加工技术。产业用纺织品行业正在重新定义行业的价值形态、市场空间和场景边界，已经成为纺织行业重要的支撑点和增长极。行业要围绕高端市场的发展需求，重点突破高性能医疗卫生用纺织品加工技术、高精度过滤用纺织品加工技术、应急与防护用纺织品加工技术、高性能土工用纺织品加工技术、海洋用特种绳缆网加工技术。

4. 加快提升染整工艺技术

适应社会发展与消费市场需求转变，加快推动染整工艺与信息技术、绿色环保技术的交叉融合。

持续推进少水短流程印染技术的开发和应用。重点突破多组分纤维面料短流程印染加工技术、针织物平幅连续染色技术、涤纶织物少水连续式染色技术、活性染料无盐染色技术。聚焦清洁生产、污染防治和资源综合利用，突破印染废水高效低成本深度处理及回用技术，帮助企业降低排污总量和单位产品能耗和水耗。

重点发展非水介质染色技术。突破以超临界二氧化碳流体染色、活性染料为代表的非水介质染色技术，推动产业化应用。

突破高速数码印花工艺。加快实现圆网/平网+数码喷墨印花技术和高速数码印花加工技术的突破与规模化应用。

拓展染整技术的应用范围。开发适用于非织造产品的染色工艺、印花工艺和功能整理工艺，提升非织造产品的附加值。

5. 重点发展废旧纺织品回收再利用技术

聚焦全生命周期管理的最后一环，深入推进废旧纺织品循环再生体系构建。

加大相关技术的基础研究。重点突破废旧纺织品及相关原材料的成分识别以及分离相关工业技术等。

加快推动废旧纺织品及原材料清洁再生与高价值化利用技术的突破。研究废旧聚酰胺6再聚合及纤维成形技术、细旦再生丙纶加工技术；突破废旧聚酯、聚酰胺纺织品化学法循环再生，废旧腈纶、氨纶的循环再利用；攻克废旧棉制品高效脱色、清洁制浆及纺丝关键技术，解决纤维素降聚机制、非纤维素杂质脱除机理不明晰且脱除不完全等问题；开发再生羊绒（毛）角蛋白复合纳米纤维膜制备技术，推动其实现规模化生产和产业化应用；重点突破废旧滤材绿色回收和循环再利用关键技术，减轻环境负担。

三、提升纺织装备供给质量

先进的生产设备直接决定了产业的生产加工能力，是实现产业高质、高产、高效、环保和低成本发展的重要保障，是推动产业转型升级、构建现代化产业体系的核心支撑。当前，我国纺织装备制造领域依然存在引领性技术、先进性技术方面的原始创新不足，共性关键技术有待突破，关键零部件的性能和质量不达标，先进设备少且不配套等问题。另外，随着基础材料、基础工艺不断取得新突破，行业对先进装备的要求也发生了深刻变化。行业应结合重点纤维品种、纺纱制线、织造、印染、非织造布、特种织物等产品特点及工艺要求，加大高精度、高效率、高适应性的纺织装备及关键基础件的研究，推动产业链上下游的装备向数字化、智能化、高端化和绿色化方向发展，为国内纺织产业改造升级和高质量发展提供装备基础支撑。

1. 提升化学纤维关键装备水平

强化关键装备的自主配套能力。适应差异化、功能性、高性能、生物基纤维的加工制备要求，加强相关国产关键装备的设计、制造与优化提升。突破高聚物在线动态混合装备开发技术，缩短制备高品质原液着色纤维的流程；加强大容量莱赛尔纤维成套装备、大丝束高性能宽幅碳纤维成套装备、超高分子量聚乙烯纤维成套装备、废旧聚酯制品化学法连续再生成套装备的加工技术研究；提升集约式高速精密卷绕装备和全自动高速节能假捻变形机等关键单机的性能；重点突破高速精密卷绕系统、基于人工智能的化纤生产在线检测和染判系统；发展关键工艺环节的专用传感器和机器人。

加强关键基础零部件的技术攻关。研制复合纺、高性能纤维及产业用纤维高精度纺丝组件和高速假捻装置等基础零部件，突破新溶剂法纤维素纤维专用齿轮泵开发技术，加快实现关键核心技术的产业化应用。

2. 提升纺纱智能装备的加工水平

研制自动络筒机、转杯纺纱机、喷气涡流纺纱机的关键基础零部件。突破转杯纺纱机纺杯、自动络筒机的精密定长装置、捻接器、电子清纱器、槽筒、数字式高精度纱线张力器和伺服驱动送纱器等制造技术，实现产业化应用。

提升纺纱装备的国产化和成套化水平。提升喷气涡流纺纱机、全自动转杯纺纱机等装备的国产化水平。加大环锭纺纱智能成套装备和短流程纺纱智能成套装备的研发力度。重点突破自动络筒机、全自动转杯纺纱机和喷气涡流纺纱机、新一代锭子动态虚拟功率测试仪等关键单机和纺纱质量在线检测系统，开发并条机自调匀整系统、高速锭子动态虚拟振动测试分析系统等。

提升纺纱装备的自动化、智能化水平。开发推广清梳联、并条、精梳、粗细联、细络联、包装物料等智能化系统并实现综合集成，加快与WHS、MES、ERP、远程运维系统的集成。推动棉条、细纱等自动接头机器人的自主开发和批量应用。研究智能开混梳生产线、毛纺细纱机的数字化和自动化、纺纱工艺过程信息化管理、柔性机器人技术、智能化毛纺车间建设等，持续改进毛纺行业的智能化装备。优化黄麻并条机、纺纱机纺纱结构，提高黄麻络筒机、黄麻延展机的自动化程度。

3. 提升机织装备的加工水平

开展专业化高速织造智能化装备研发。研究并推广应用整经自动上筒、自动穿经机、浆纱自动调浆、自动穿综、高速剑杆、喷气织机等新型机织及关键技术，以及相应的联网监测系统和管理系统。在长丝织造领域，研发织轴下布条码管理系统等更贴近织造企业生产实际的管理系统；研究各类设备的联网在线监测，重点提高织物疵点在线检测的智能化水平。开发织造协同制造系统，突破各生产环节的自动衔接控制，推动实现从整经、浆纱、织造到验布的全流程智能化。研制高速开口装置、电子多臂、喷气织机异形筘等关键零部件，提升与先进装备的适配性。

4. 提升针织装备的加工水平

研发数字化、网络化和智能化针织装备。重点突破全成形电脑横机、高速特里科经编机、全流程自动化针织圆纬机辅助装备、高速多轴向经编机等关键装备。开发基于虚拟现实（VR）技术的横机制版系统、针织生产全流程物联网管理系统、针织大圆机纱线张力智能调控系统等。

加快实现针织装备关键零部件的自主可控。突破织针、新型积极式输纱器、智能电磁选针器制备技术。

5. 提升印染装备的加工水平

突破高效环保的印染装备加工技术。突破低浴比间歇式染色装备、非水介质染色专用装备、高速数码直喷印花机、柔版印花设备、低能耗双层拉幅定形机等关键单机。加快建立针织物和涤纶机织物连续印染生产线，棉针织物平幅连续染色生产线。

提升印染流程的信息化、智能化水平。开发织物生产加工在线质量检测系统、数控印染机械信息互联互通系统、印染厂物料智能化输送装备与系统、粉体印染化学品精确称量与配送系统、MES系统、印染废水处理智能在线监测系统等，建立覆盖全流程的信息系统和物流系统，实现印染装备互联互通与互操作。

提升关键零部件和装备的国产化水平。开发稳定可靠、分辨率高的压电式喷头。提升织物颜色检测传感器、双氧水浓度检测传感器、轧余率检测传感器、定形机布面温度检测传感器等印染传感器的稳定性。

6. 提升非织造装备的加工水平

深入开展非织造装备和关键零部件的研究。研发宽幅高速水刺、针刺、纺粘、熔喷等非织造布成套装备，突破双组分、多组分复合纺粘装备织造技术，重点攻关宽幅高速梳理机、交叉铺网机、针刺机和高速自动分切机等关键设备。攻克纺丝模头等基础零部件的制备技术。

提升非织造装备的智能化水平。研究开发非织造布质量智能检测系统，非织造布智能物流系统，非织造布生产线数据字典，非织造布生产执行系统。

7. 提升智能化服装和家纺装备加工技术

研发三维量体、三维设计、服装增强现实/虚拟现实（AR/VR）系统、智能自动裁剪、吊挂输送、自动模板缝制和成衣物流智能配送系统与装备，开发自动识别、自动抓取、立体缝制和织物拼接缝合等服装家纺专用机器人等。

8. 提升先进纺织仪器制备技术

攻克高端检测仪器及核心零部件的关键技术。研发高端检测仪器，如新型异纤分拣机、单纤维分析系统、出汗暖体假人测试系统、纱线干湿状态下耐磨性能试验仪等，提升检测分析系统的自动化、智能化水平，提高设备工作的精准性、稳定性和可靠性。突破重大工程、工业装备、生命科学、新能源、海洋工程、轨道交通等产业用领域各类纺织品相关检测仪器的加工技术。

第三节　软性基础能力提升路径

软性基础能力是推动企业从外延式扩张向内涵式发展转型的关键力量，是产业内在生命力、创造力和凝聚力的重要来源。行业要适应品质化、个性化、多元化、绿色化的时代要求，以实现高质量发展为出发点和落脚点，积极探索提升软性基础能力的有效路径。行业要从设计创新能力、纺织工业精神、供应链管理能力着手，加快提升发展的质量和效益，增强产业发展的韧性与活力，打造核心竞争优势。

一、提升以时尚设计为核心的产品开发能力

作为物质创造与文化力量的高度凝结，时尚产业凭借强大的渗透力、广泛的辐射力和深厚的感召力，成为现代产业体系的关键组成，促进高质量发展、创造高品质生活的重要引擎。新时期，中国纺织行业的时尚发展，需要以创意设计为核心，形成基于文化价值、美学价值、技术价值、社会价值和商业价值的纺织产品时尚创意模

式，加快构建科技创新密集、多元文化支撑、负责任可持续的产品创新生态体系，涌现一批国内知名度高、具有一定国际影响力的品牌，提升行业的时尚话语权和国际影响力。

1. 精准把握时尚设计方向，提升产品开发能力

时尚因人而异，随时而迁。要以生活方式和消费方式的变化研究为基础，围绕色彩、纤维、纱线、面料、服装、家纺等领域开展全产业链的流行趋势的研究与应用。积极利用先进数字化技术，开发时尚分析预测工具与辅助设备指导系统，提升趋势预测效率和应用成效。

2. 完善从纤维原料到终端产品的产品研发体系

深化新材料新技术的融合应用，提升产品的个性化、差异化、功能化、智能化水平，满足功能、时尚、绿色等消费升级需求。以数据赋能产品开发，加快构建数字化、网络化、智能化的时尚设计体系，提升集成设计、系统设计、柔性设计、互动式设计和情感化设计等产品设计能力。以产品个性化、品质化为方向，依托互联网和智能制造技术发展高级定制。

3. 提升文化引领能力，涵养生态

随着文化自信与文化自觉的不断增强，丰富产业的文化内涵成为提升产业价值与影响力的重要途径。

融合文化创意，赋能产品多元价值。深度挖掘中华优秀传统文化与当代世界先进文化，塑造具有中国特色、世界影响、时代特征的时尚生态。鼓励体现中国传统文化和现代风貌相结合的中华礼仪服装、职业装、学生装等产品的创新设计与应用。培育一批承载中华文化、引领时尚消费的"国潮"品牌和自主品牌，提升其参与国际竞争与合作的能力。

加强非物质文化遗产与纺织产品的技艺融合、资源转换与市场应用。提炼中国纺织工业的特色文化内涵，以纺织工业遗产、纺织工业旅游、纺织工业文化博物馆为载体，推动纺织工业文化与大众消费文化的融合，促进产业时尚向消费时尚的认知转换。

二、传承与培育纺织工业精神

工业精神作为一种精神状态、思维方式、价值标准渗透在人的意识深处，贯穿于产业的实践活动中，深刻影响产业的发展与进步。以独立自主，自力更生为基点，一代代纺织人将理想与信仰的强大精神力量，化为干事创业的强烈使命感，化为无私奉献的高度责任感，化为只争朝夕的时代紧迫感，奋战在行业的前线，孕育形成了中国纺织工业精神。新时代，这种精神正在转化中国纺织工业崛起的文化根基和行业高质

量发展的强大动力。行业需要持续培养具有纺织工业精神的时代新人，促进工业文化中的责任意识、竞争意识、时间观念、创新精神内化为个人价值观，成为推动产业高质量发展的有生力量。

1. 做好纺织工匠选拔与推介引导

时代发展需要大国工匠。要大力弘扬执着专注、精益求精、一丝不苟、追求卓越的工匠精神，打造一支重知识、善技能、创新型的产业大军。

重视对新时代中国纺织工匠精神内涵的深度提炼与推介引导。开展"匠人美学"研究与宣传推广，做好"中国纺织大工匠"推荐及先进事迹推广工作，举办工匠比武、工匠演讲、技术交流、专题论坛等活动。

探索建立工匠奖励表彰机制。建立纺织工匠科学选拔评选标准，在行业和社会层面选拔一批纺织优秀匠人，不断提升企业、行业、全社会对工匠精神和匠人价值的认知认同，让崇尚工匠精神成为一种新时尚。

2. 注重发挥劳模精神的引领作用

人类社会的进步和产业的发展归根到底要靠劳动创造。行业要将爱岗敬业、争创一流、艰苦奋斗、勇于创新、淡泊名利、甘于奉献的劳模精神发扬光大，培养一批新时代的优秀代表和时代楷模。

积极传播"知识型、创新型、技能型、管理型"的当代劳模精神。举办评选表彰、专题论坛、文化座谈交流等形式多样的活动，营造学习劳模、积极创新的良好氛围和劳动光荣的社会风尚。

增强全社会对劳动价值的认同。要尊重人民群众的首创精神，创新健全劳模培育与保障工作机制，排除阻碍劳动者参与发展、分享发展成果的障碍，不断提高劳模的社会、政治和经济地位，激励广大劳动群众争做新时代的奋斗者。

3. 大力弘扬诚信文化精神

"信立天下，诚铸未来。"任何时候，依法诚信经营都是企业安身立命之本。以诚信擦亮品牌，企业才能立得住、行得稳。

坚守本业。企业要扎扎实实做好主业，赢得市场认可，形成核心竞争力和稳定盈利能力，才能行稳致远、基业长青。

宣扬诚信精神。积极开展全国纺织诚信文化建设带头人推荐、"选树学"、专题论坛等活动。充分发挥纺织行业媒体、社会、网络宣传引导作用，开展诚信行为先进事迹推介活动。

推进诚信建设的制度化、规范化、长效化。建立健全保障行业诚信行为的制度和行为规范，研究形成科学性和可操作性强的诚信考核评价体系，加强诚信激励和约束机制，形成公平、公正、公开的诚信奖惩机制。

4. 树立新时代纺织企业家精神

企业家是引导创新、扩大市场、深化社会分工、巩固经济发展成果的重要主体。

充分发扬企业家精神，在忠党爱国、创新创业、社会责任和国际视野等方面提升企业家才能，是企业在时代进程中再创辉煌的力量源泉。

5. 强化爱国情怀

不忘产业报国初心，牢记强国富民使命，把企业发展与国家发展结合起来，实现企业成长与国家发展的同频共振，为国担当、为国分忧。

强化创新思想。深刻认识"创新是引领发展的第一动力"，追求卓越品质、勇于探索拼搏，使企业成为强大创新主体，以创新推动企业向价值链中高端迈进。

强化担当意识。深刻认识"任何企业存在于社会之中，都是社会的企业"，勇担社会责任、服务人民期待，使企业在保就业、保民生中发挥更大作用。

拓展国际视野。企业家要提高把握国际市场动向、需求特点和国际规则的能力，提高国际市场开拓能力，提高防范国际市场风险能力，充分利用国际国内两个市场、两种资源打造国际化企业。要深度融入国际合作之中，遵照共商共建共享原则，与世界优秀企业一道为推动全球产业链、供应链的恢复和发展作出自己的贡献。

三、提高供应链管理能力

供应链管理的本质是提升整体供应链效率和成本的有效性。当前，市场供需关系的转变，新技术、新理念的广泛渗透，生产方式和交易方式的创新，都对供应链的管理水平提出了新的要求。行业要以企业为基础，以消费者为中心，深度融合先进的技术和科学的管理方法、工具，通过管理赋能、模式变革、渠道创新促进供应链资源整合、流程优化和组织协同，加强质量管理、品牌管理和社会责任管理，构建具有国际先进水平的高效有序、应急有效、稳定可靠的供应链体系。

1. 加强企业质量管理，提高供应链运作质量

质量是企业生存和发展的第一要素，是企业取得成功的根本。企业作为供应链的基础要素组成，加强自身质量管理，取得成本、质量、市场响应、经营效率等各方面的优势，是为供应链增值的有效途径。

强化质量意识。员工的质量意识决定了产品的质量。要积极开展标准、认证、技术性贸易措施、品牌建设等方面的培训活动，不断提高行业从业人员的质量意识和质量素养。

提升质量管理水平。引导企业深入应用六西格玛、精益生产、卓越绩效模式等先进质量管理理念和方法，建立完善质量管理体系。鼓励供应链核心企业建立覆盖全供应链的信息系统，实现对产品生产全流程、全过程的监督和控制，提升企业对产品质量的管控能力。

2. 加强企业品牌建设，提升供应链核心竞争力

品牌作为技术创新、文化创意、制造能力和社会信誉的高度凝结和综合呈现，是促进资源循环和价值转换的重要内核，是实现消费升级和产业升级的重要承载。加强企业品牌管理，提升市场认知度与国际影响力，实现产品的价值增值，是打造供应链竞争优势的重要抓手。

以先进的企业文化丰富品牌内涵。企业文化是支撑企业长远发展的重要战略资源，是宝贵的物质财富、精神财富。要进一步明晰企业品牌定位，从企业的精神、宗旨、发展战略、战略目标等方面全面概括提炼企业精神，建设形成以人为本的企业文化。

以多维的营销渠道扩大品牌影响。以数字经济助力品牌建设，积极探索新模式、新业态，充分发挥社交媒体、电商平台的流量汇聚效应，建立品牌与消费者之间的深层次连接，推动传统品牌的焕新与再造，助力新品牌的衍生与崛起。

以全局的方法思路推动品牌建设。品牌建设已经超脱个体企业的范畴，向着供应链上下游、利益相关方和区域延伸。行业要持续完善品牌培育和推广体系，进一步推进形成制造品牌、消费品牌、区域品牌相互加持、彼此赋能的品牌生态，打造具有竞争力的供应链品牌。

3. 加强企业社会责任建设，保障供应链的安全与稳定

随着绿色发展理念愈发深入人心，消费群体在追求产品服务质量的同时，开始注重产品、消费行为以及消费方式的社会责任属性。加强企业社会责任建设，推广可持续供应链管理，对于提升供应链安全性与稳定性具有重要意义。强化企业的责任与担当，企业要将人本责任、环境责任和市场责任融入企业的发展战略与品牌建设中，利用先进的社会责任管理工具和方法，不断发掘企业社会责任的内涵与价值。

建立负责任的产业体系。构建绿色供应链体系，实现从产品设计、原材料获取、加工、包装、仓储、运输、使用到报废处理全生命周期的绿色低碳可循环；构建可持续时尚标准化评价体系，完善可持续时尚原料、技术、产品的认证，适时应用区块链技术建立信息透明、可追溯的可持续时尚追溯体系。

第四节　基础支撑能力提升路径

产业基础支撑能力是促进产业要素之间共生、互生与再生，推动形成产业生态系统不可或缺的组成部分，有助于产业实现经济价值与社会价值的最大化。行业要加强质量基础设施建设、数字基础设施建设、人才队伍建设和公共服务体系升级，构建一个以质量保证、需求对接、市场融合、资源协同为特征的产业生态体系，形成强大的

基础支撑能力。

一、加强行业质量基础设施建设

质量强，则产业强。计量、标准、合格评定并称为国家质量基础的三大支柱。促进质量的提升既是有效应对资源瓶颈、环境压力的重要抉择，也是参与国际竞争、实现民族复兴的自强之路。加强质量基础设施建设，提升计量的基准性、标准的规范性、检验检测的符合性、认证认可的公允性，构建质量基础支撑体系，是提升产业经济效益和核心竞争优势的关键环节。行业要着重突破关键质量技术基础理论，提升标准体系的国际化水平，推动计量、检验、检测的数字化转型，打造一批综合性、品牌化的检验检测机构，进一步提升国内外市场的占有率。

1. 以计量技术保障行业质量控制

计量是产品质量和质量优势的基本保证。要将计量贯穿产品生产的全过程，逐一解决各个环节的量值准确性、一致性、溯源性和法制性问题。

提升产业计量技术水平。重点突破高精度计量仪器、标准器和计量技术，推动计量技术的标准化、规范化和体系化。

提升计量技术服务产业发展的能力。聚焦产业发展需求，推动建立产学研用一体化发展机制，持续推进产业计量测试平台和联盟建设，为产业创新发展夯实计量基础。

2. 以标准规范引领行业质量发展

作为规范、约束和调节生产行为和贸易行为主体的基本准则，标准是促进技术进步与质量提升的重要手段，也是国际竞争的制高点。

完善标准体系建设。重点围绕新材料、新工艺、新技术、高端装备等领域，加快推动国家标准、团体标准和企业标准的建设，以标准提升支撑产业基础高级化发展。建立标准实施信息反馈和评估机制，定期开展标准的复审和维护更新。

推动国内标准与国际接轨。继续开展行业国内外标准比对工作，加快转化先进适用的国际标准，保持国内外标准的一致性。积极参与纺织国际标准制修订活动，推动行业优势、特色技术标准成为国际标准，推动纺织标准国际互认。

3. 以检验检测、认证认可服务建立质量信任

检验检测、认证认可是质量管理和标准建立的实施途径，是塑造品牌质量、优化产业结构、提升贸易质量的重要手段。

要提升检测检验技术和认证认可能力。完善认证制度与监管体系，增强检测检验技术和数据的可靠性，打造一批具有知名品牌的综合性检验检测、认证认可机构，为产业发展提供更加诚信透明、经济优质、便捷周到的服务。引导和支持企业运用互

联网优势，建立一站式检验检测、认证认可综合技术服务平台，实现效益与效率相统一。

推动检测检验、认证认可机构的规模化、集团化、国际化发展。要鼓励支持纺织领域检验检测、认证认可机构通过重组、并购、扩张等方式，实现规模化、集团化发展，业务由单一服务向综合服务转变。主动对接国家战略，积极推动国际互认，构建认证认可国际合作机制，助推中国企业及产品"走出去"。

二、加快行业数字基础设施建设

纺织行业的数字化转型，是推动产业发展模式更合理、更高效、更可持续的重要力量，是当前加快产业转型升级、实现高质量发展的重要内容。行业要立足产业基因，充分发挥产业的场景资源优势和数据资源优势，加快工业软件、工业互联网等新型基础设施建设，实现关键软硬件的系统突破，形成一批具有较强服务能力的行业级和企业级工业互联网平台，为行业的数字化、智能化发展提供基础支撑。

1. 加快提升中国纺织工业软件供给能力

工业软件是工业化和信息化融合的核心要素，是发展智能制造的重要支撑。长期以来"重硬轻软"的思维，使中国制造业缺乏在工业软件上的沉淀和累积。随着产业数字化智能化的需求不断增加，工业软件的重要性日渐提升，被国外巨头垄断的风险也越发凸显。

提升工业软件的自主开发能力。坚定自主创新信念，提炼核心技术难点及行业关键问题，促进各学科知识与纺织工业知识的融合及软件化，形成软件架构能力。加强产学研协同合作，突破工业软件关键核心技术，推动成果快速应用转化。

打造良好的应用生态。依托国内市场规模大、应用场景丰富的优势，在生产实践中不断更新迭代，提升工业软件的精度、稳定性、可靠性。

加强产融合作。借助资本、金融等手段，支撑和推动工业软件发展。要鼓励企业通过收购、兼并等方式，整合行业软件资源，完善自身产品生态，培育一批在细分产品领域的单品冠军。

要加快培养支撑软件产业发展的高质量人才。搭建创新中心、教育研究院、校企联合研发中心、人才培训基地等多种形式平台，强化产教融合机制，共同培养复合型、实用型高水平软件人才。

2. 加快行业工业互联网的发展与应用

工业互联网通过人、机、物的网络互联，实现了全要素、全产业链、全价值链的连接与协同，成为产业实现智能控制、运营优化和生产组织方式变革的重要力量。

加强纺织行业工业互联网关键共性技术研究。要建设纺织行业工业互联网重点实验室，加强工业互联网关键核心技术与纺织行业相融合的产品研制，开展工业互联网平台试验测试，推进边缘计算、深度学习、增强现实、虚拟现实、区块链等新兴前沿技术在纺织行业工业互联网应用的研究。

加快纺织行业工业互联网平台的建设与应用。依托行业优势企业，培育、建设一批企业级工业互联网平台，有效整合、打通企业上下游供应链，实现企业供应链资源的共享协同与高效配置。培育建立有影响力的行业级工业互联网平台，形成横向汇聚企业制造资源、纵向贯通纺织产业链且具备一定覆盖能力的平台应用。

激活数据资源要素潜力。加强工业数据采集，建立健全共享机制，拓展数据应用场景，推动纺织行业实现从订单管理、自动配棉、生产运行、质量实时追溯到包装储运等环节的数字化管理。

三、加快行业人才队伍建设

人才是创新的根基，具备科学、技术、工程和数学知识和技术技能的高素质人才是先进制造业保持创新发展和竞争力不断提升的关键所在。中国纺织工业正处于从劳动密集型向技术密集型、资本密集型转变的关键阶段，对知识型、技能型人才的需求日益增长。要把高素质人才培养与推动产业高质量发展更好地结合起来，完善行业人才培养体系，打造复合型、创新型、实用型的人才队伍，提升人才供给与产业需求的匹配度，为行业转型升级和高质量发展提供更加坚实的人才保障和智力支撑。

1. 深化教学改革，提升人才培养质量

加强学科建设管理。面对新经济发展趋势下行业的发展需求，进行战略调整，要鼓励纺织院校构建跨领域、跨院系、跨学科、跨专业的新学科体系建设，以学科创新发展支撑引领产业升级或迭代跨越。强化学科领军人才队伍建设，提高师资队伍整体水平。充分发挥高等教育基础研究主力军的地位，培养有基础研究和原始创新能力的人才。加快探索新工科建设，要鼓励具备条件的本科层次的高校向应用型高校转变。促进与高等职业教育、中等职业教育、继续教育的有机衔接。促进产业链、创新链与培训链有效衔接，将政府按规定补贴培训、企业自主培训、市场化培训等多样化方式相结合，开展大规模多层次的职业技能培训。

2. 汇聚各方资源，拓宽人才培养模式

要充分汇聚企业、高校、科研院所等多元主体的教育资源。依托行业高校建立的协同创新中心、工程研究中心、重点实验室等科研设施资源，搭建学生科学实践和创新创业平台，助推科研人才培养。促进企业技术中心、重大科研及工程项目转化为教育资源，强化科教协同育人。要鼓励校企共建教学、科研实践基地，共同开展联合培养、新学徒制等人才项目，共享专职、兼职师资资源，深化校企协同育人。加强国际

合作育人。积极推动国内高校、科研院所与国外高水平纺织类院校、科研机构，通过共建教学科研合作平台、开展学术交流和学生交换活动，以常态化合作培养一批具有国际视野、掌握国际规则的复合型人才。

3. 加强专业化、复合型的人才队伍建设

加强高水平科技人才队伍建设，培养一批具有世界水平的科学家、高水平的科技领军人才。将技术人才作为支撑产业发展的重要基础，注重工程师等专业技术技能型人才的培训。完善设计师培养体系，注重趋势研究能力、产品开发能力和文化创意能力的提升，重点培养具备中国特色、多元文化跨界能力和国际视野的复合型创新设计人才。完善行业人才引进、培养、奖励等管理制度，提升行业对运营管理、信息技术、专业服务等各类人才的吸引力，进一步激发人才的积极性、主动性和创造性。要坚持竞争激励和崇尚合作相结合，促进人才资源合理有序流动。

四、推动行业公共服务体系升级发展

行业公共服务体系是促进资源要素高效配置、提高服务效率的有效方式，是促进中小企业发展、加快产业结构调整的重要举措，是保持行业平稳较快发展、增强国际竞争力的重要基础。行业要提升公共服务的质量水平，推动构建系统完善、层次分明、衔接配套、科学适用的公共服务标准体系，实现产业主体区域基本覆盖，形成对行业企业升级发展的有力支撑。

1. 整合行业资源，构建资源共享、优势互补的服务网络

完善具有针对性、系统性的服务体系。按照"持续、系统、深入、精准"的总体思路，全方位整合利用各类优质资源，优化专业会展、时尚发布、社会责任等长项服务功能，打造具有国际影响力的行业会展、时尚发布及国际交流平台。提升检验检测、研发设计、教育培训、供应链、大中小企业融通发展、咨询等服务功能，建设权威性产融合作、区域布局、对外投资服务平台，不断提高专业服务水平和服务质量，助力企业升级发展，在现代社会治理体系中发挥积极作用。

探索产业公共服务模式。拓展公共服务主体，促进地方政府、行业协会、科研院所、企业等相互协作，形成产学研用多方共建共享的产业公共服务体系。依托产业集群、产业园区，打造一批综合性产业公共服务平台，提供高质量、精准化的公共服务供给，助力集群的中小企业整体提升发展。建立和完善各类专业化的纺织行业企业联盟，为行业的中小企业提供一个进行交流、学习、借鉴、拓展资源、彼此优势互补的开放性资源共享平台。

2. 创新服务方式，提高平台服务效益

以数字化转型夯实基础服务能力。健全行业基础数据信息采集及分析平台，建立

符合高质量发展需求的指数体系，在合规条件下有序实现信息开放共享。积极引导传统公共服务平台采用线上线下一体化的模式，打破各地、各节点的产业公共服务资源在时空上的限制，形成覆盖面广、响应速度快的服务体系。创建区域纺织公共服务网络平台。完善区域平台间的协同联动机制，促进区域内基本公共服务设施配置、人员配备以及服务质量水平有效衔接，实现服务集成化、高效化、便捷化。

加强人才培养，夯实平台发展保障。要加强公共服务平台人才队伍建设，健全各类专业服务人才培训、培养机制，以优质人才队伍提升服务质量、支撑平台发展。

第五节 提升中国纺织工业基础能力的政策建议

一、加大财税、金融政策对纺织工业基础能力建设的支持力度

1. 加大财税政策的支持力度

加大对纺织科技创新和技术改造的支持力度，鼓励"硬核"创新，解决"卡脖子"问题，实现自主可控。

一是优化整合中央财政科技计划（专项、基金等），加大对纺织行业工业强基项目、智能制造、绿色制造、"卡脖子"关键核心技术及重点研发项目支持力度，合理扩大现有专项资金的支持范围。

二是继续推进纺织行业国家制造业创新中心建设，在完善先进功能纤维创新中心、先进印染技术创新中心的基础上，扩大建设领域布局，增设高端装备、纺织品创新中心。

三是加快行业技术创新中心和行业重点实验室体系建设，围绕行业关键共性技术和关键零部件等技术短板开展研究开发。

四是鼓励创新，进一步提高研发费用、品牌宣传费用税前加计扣除比例，提升企业创新与技改投入积极性。将企业购买设计手稿等产品开发费用纳入所得税前加计扣除范围，鼓励企业扩大在创意设计方面的投入。

五是推进税制结构改革和税率优化，逐步降低以制造业为主的各类实体经济的增值税税率，缓解企业税负压力。

2. 加强金融政策支持力度

进一步完善支持实体经济发展的金融政策，加强对金融机构的监督指导，有效发挥金融对实体经济发展的支撑引领作用。

一是完善差异化信贷政策，政策执行更加客观、公平。对于符合资信要求的企业

与投资项目给予充分信贷支持，包括足额、无附加条件放贷，给予合理利率，禁止贷转存，取消不合理收费等。

二是推动产融对接，引导社会资本投向行业基础性、战略性、先导性领域，对行业转型发展形成有力支撑。向金融机构推介具有行业创新价值的融资项目，加强对制造企业和项目融资风险评估的指导，推动金融机构与重点制造企业对接融资需求等。引导建立纺织产业基金，鼓励优质社会资本支持行业发展。

三是进一步发挥政策性金融和开发性金融的作用，支持金融机构为企业建立国际化研发体系、生产体系及品牌推广提供针对性的金融服务和产品。

二、强化纺织工业基础能力建设的政策引导与支持

1. 提升创新发展能力

加大对各级各类工程技术研究中心等企业研发中心建设的扶持，提高企业持续创新能力。引导、规范纺织工业技术创新服务向着市场化、专业化方向发展，发挥技术创新服务体系对技术创新推动作用。建立健全各类技术交易市场、产权交易市场，完善创新成果转化机制，畅通创新成果转移转化应用通道，提升行业创新成果产业化能力。加强科研诚信、科研道德、科研伦理建设和社会监督，培育尊重知识、崇尚创造、追求卓越的创新文化，营造鼓励探索、宽容失败、尊重创造的创新氛围和尊重人才的社会风尚。

2. 夯实产业数字化转型基础

一是支持纺织行业建设跨产业链的工业互联网平台，实现行业制造资源的汇聚共享、优化配置与高效协同。行业数据枢纽的建设将进一步打通企业内部、产业链上下游、产业链之间的数据孤岛，提高企业生产经营效率，促进产业创新变革。

二是积极培育纺织工业互联网平台应用新模式，提升纺织产业链网络化协同能力和应对公共紧急突发事件能力，并对纺织工业互联网平台在产业集群产业园区的落地应用给予必要的政策引导和支持。

三是支持纺织工业建设大数据中心，并与重点产业集群区域大数据中心实现互联互通，形成行业大数据服务体系。强化对重点区域、重点企业的数据采集、汇聚和应用，提升数据资源管理能力，为行业宏观决策、企业生产经营、区域经济发展以及应对国际贸易争端等服务提供数据支撑。出台相关政策、措施，促进数据有序共享，全局流动，充分使用，释放数据对经济发展的放大、叠加和倍增效应。

3. 推动纺织工业文化发展

一是要加强对纺织非遗保护、传承与创新等方面的政策支持。指导支持纺织工业建立全社会、全行业共同参与的符合市场经济发展环境和新时代要求的系统化、科学

化、可持续的纺织非遗保护与传承体系。

二是加大财政专项支持力度，对纺织工业文化相关项目给予适当倾斜，对纺织工业文化对外交流合作项目给予资金支持。

三是指导支持建立全社会参与的多元化投融资机制，引导社会资本支持纺织工业文化相关产业发展。

4. 加大对行业品牌建设的引导与支持

深化纺织领域终端消费品牌、加工制造品牌和区域品牌培育试点工作；推动培育专精特新"小巨人"和制造业单项冠军，引导企业专注科技创新和质量提升，提升产业集中度。支持行业优势品牌企业、龙头骨干企业牵头，加强诚信、共赢、负责任的供应链和产业生态体系建设。建立行业龙头企业培育库，建议地方政府对在国际国内有较强影响力的企业给予奖励和扶持。

5. 加强对区域行业公共服务平台的支持政策

推动区域行业公共服务平台为中小企业提供低成本、高效率的技术创新服务，助力纺织企业实现产品结构调整、质量提升和成本降低。

三、营造有利于纺织工业基础能力建设的环境

1. 持续改善产业发展环境

完善政策，规范市场行为，使大中小企业、国有与民营企业能够公平竞争、有序发展。进一步放宽市场准入。坚决破除各种不合理门槛和限制，在市场准入、审批许可、招标投标、军民融合发展等方面打造公平竞争环境，提供充足市场空间。

2. 完善市场监管制度

创新监管方式，寓监管于服务之中。避免在安监、环保等领域，微观执法和金融机构信贷过程中对中小企业采取一刀切的处置措施。深入推进反垄断、反不正当竞争执法，保障大中小企业平等参与市场竞争。进一步规范线上商业合作方式，推动建立平台上线商家的保护机制和投诉通道，着力化解店大欺客、平台排他、恶意差评、恶意退货等行为，保护企业合法权益。

3. 加强知识产权保护

进一步完善法律规范，提高违法成本，保护中小企业创新研发成果。重点探索针对纱线、面料、家纺、服装的趋势研究、外观设计、花型设计、结构设计等知识产权的保护措施和监管方式，加大对侵犯知识产权和企业合法权益行为的打击力度。支持纺织工业信用体系建设，将知识产权保护纳入行业信用管理体系，促进产业健康持续发展。探索运用人工智能、区块链、大数据等新技术，强化知识产权保护。

四、发挥行业组织在工业基础能力提升中的作用

加大对行业协会开展基础能力提升工作的支持力度。进一步明确行业协会的职能定位，支持行业协会在反映行业诉求、完善行业政策法规、支持政府科学决策等方面发挥更大作用。支持行业协会开展行业研究、行业信息统计、标准制修订、行业质量管理体系建设、品牌建设、两化融合、专业人才培养等工作，整合资源，持续升级行业公共服务体系，不断提升协会在行业基础能力建设方面的服务能力。支持和指导协会制订并组织实施行业职业道德准则，推动行业诚信建设；引导行业建立完善行业自律性管理约束机制，规范企业行为，防止恶性竞争，维护市场秩序。支持行业协会在促进行业国际合作、化解贸易冲突中发挥建设性作用。

参考文献

［1］苏雪寒，吴丽莉，陈廷. 纺粘非织造工艺与设备的新发展［J］. 纺织导报，2014（9）：28.

［2］詹停停，吴丽莉，陈廷. 熔喷非织造技术的新发展［J］. 产业用纺织品，2018，36（2）：1-5，29.

［3］蒋高明，高哲. 针织新技术发展现状与趋势［J］. 纺织学报，2017（12）：169-176.

［4］夏风林. 针织装备技术的最新发展［J］. 纺织导报，2019（10）：65-70.

［5］胡慧娜，裴鹏英，胡雨，等. 三维机织物的分类、性能及织造［J］. 纺织导报，2017（12）：26-30.

［6］梁颖，刘汉申，崔运喜，等. 浆纱机智能调浆系统研发［J］. 上海纺织科技，2018（2）：59-62.

［7］洪海沧，李雪清. 近期国内外织造技术的进步与发展趋势（上）［J］. 纺织导报，2019（7）：71-74.

［8］洪海沧，李雪清. 近期国内外织造技术的进步与发展趋势（下）［J］. 纺织导报，2019（9）：59-60.

［9］杨婷婷. 三维筒状织物的织造技术研究［D］. 上海：东华大学，2015.

［10］TANSY，FALL. Dyeing without water［J］. International Dyer，2015.

［11］NONE. 超临界二氧化碳无水染色技术产业化应用取得突破［J］. 印染，2019（7）：59-60.

［12］仇明慧，李敏，付少海．纺织品数字喷墨印花设备发展现状及趋势［J］．纺织导报，2016（11）：66-68．

［13］高媛媛．分散染料在硅基非水介质中的染色性能研究［D］．杭州：浙江理工大学，2019．

［14］张永波．硅基非水介质染色体系中活性染料水解、键合机理及密度泛函理论研究［D］．杭州：浙江理工大学，2019．

［15］杨洁．阳离子改性剂B对棉织物的改性及无盐染色研究［D］．上海：东华大学，2019．

［16］舒大武．活性染料无盐染色关键技术［J］．纺织科学研究，2018（7）：47．

［17］徐原，岳素娟．中国非织造产业的新材料、新工艺及新产品［J］．产业用纺织品，2015，33（6）：33-36．

［18］万爱兰，丛洪莲，蒋高明，等．针织技术在产业用纺织品领域的应用［J］．纺织导报，2014（7）：28-32．

［19］王济永．浅议染整装备技术开发应用现状及未来发展趋势［J］．纺织导报，2016（11）：58-65．

［20］柳映青．纺织品安全评价及检测技术［M］．北京：化学工业出版社，2016．

［21］张彦．RCEP区域价值链重构与中国的政策选择：以"一带一路"建设为基础［J］．亚太经济，2020（5）：14-24．

［22］孙锡敏．新型纺织标准体系构建研究［D］．天津：天津工业大学，2018．

［23］聂聆，陈诗雯．中美日在亚太制造业价值链中的地位变迁［J］．东北亚经济研究，2019（1）：69-80．

［24］张彦．中美日制造业在全球价值链体系的国际竞争力变迁与博弈研究：基于中间品和增加值的视角［J］．经济问题探索，2019（5）：107-118．

［25］程敏，谢方明，丁亦，等．时尚产业与纺织产业集群的协同发展：基于江浙沪的时尚女装产业［J］．纺织导报，2020（4）：87-89．

［26］刘世铎．中国纺织产业集群竞争力影响因素分析［J］．商业经济研究，2015（9）：128-130．

［27］卜涵．中国纺织产业国际竞争力影响因素分析［D］．上海：东华大学，

2013.

［28］王晓蓉. 国家创新体系的比较与创新型国家建设［M］. 北京：经济管理出版社，2014.

［29］吴迪. 中国纺织信息化40年发展历程［M］. 北京：中国纺织出版社，2018.

［30］中国工程科技发展战略研究院. 2021中国战略性新兴产业发展报告［M］. 北京：科学出版社，2020.

［31］穆荣平，郭京京. 2019中国制造业创新发展报告［M］. 北京：科学出版社，2020.

［32］干勇，钟志华，李新男，等. 发达国家产业技术创新：经验与借鉴［M］. 北京：经济管理出版社，2019.

［33］王建伟. 工业赋能深度剖析工业互联网时代的机遇和挑战［M］. 北京：人民邮电出版社，2018.

［34］廖青，周永凯，王文博. 中外高等服装教育比较［M］. 北京：中国纺织出版社，2014.

［35］全国认证认可标准化技术委员会. 合格评定在中国［M］. 2版. 北京：中国标准出版社，2020.

［36］尚俊杰. 未来教育重塑研究［M］. 上海：华东师范大学出版社，2020.

［37］中国教育科学研究院. 2030年中国教育展望［M］. 北京：人民出版社，2018.

［38］高书国. 中国教育发展战略选择［M］. 广东：广东高等教育出版社，2018.

［39］汪中求，王筱宇. 中国需要工业精神［M］. 北京：机械工业出版社，2015.

［40］李平. 新中国技术经济研究70年［M］. 北京：中国社会科学出版社，2019.

［41］吕风勇，邹琳华. 中国县域经济发展报告（2018）［M］. 北京：中国社会科学出版社，2019.

［42］中国材料研究学会. 中国新材料产业发展报告（2019）［M］. 北京：化学工业出版社，2020.

［43］中国长丝织造协会. 2019/2020中国长丝织造产业发展研究［M］. 北京：中国纺织出版社，2020.

［44］张洁，秦威，鲍劲松，等．制造业大数据［M］．上海：上海科学技术出版社，2016.

［45］党敏．功能性纺织产品性能评价及检测［M］．北京：中国纺织出版社，2019.

［46］叶茂升．全球价值链分工与产业国际竞争力：基于中国纺织品服装产业的实证研究［M］．北京：人民出版社，2018.

［47］董德民．纺织创意产业竞争力评价实证研究：以浙江为例［M］．北京：经济科学出版社，2015.

［48］中国化学纤维工业协会．2020年中国化纤经济形势分析与预测［M］．北京 ：中国纺织出版社，2020.

［49］中国化学纤维工业协会．中国化纤行业发展规划研究（2016—2020）［M］．北京 ：中国纺织出版社，2017.

［50］中国纺织工业联合会．纺织行业"十四五"发展纲要［J］．纺织科学研究，2021（7）：40-49.

［51］中国纺织工业联合会．《纺织行业"十四五"科技、时尚、绿色发展指导意见》全文发布［J］．纺织科学研究，2021（8）：28-44.

［52］芦长椿．多组分纤维的技术与应用新进展［J］．纺织导报，2018（4）：45-50.

［53］陈向玲，王华平，吉鹏．中国化纤智能制造的柔性与多目标生产［J］．纺织导报，2020（3）：14-25.

［54］贺志鹏，杨萍，伏广伟．中国检验检测市场发展情况简述［J］．国际纺织导报，2019（3）：46-50.

［55］金国强，傅瑜，章立新．中美纺织产业标准、检验检测及认证方面的研究与比较［J］．纺织导报，2019（12）：86-88.

［56］兰丽丽，谢海斌，蒋小良．美国纺织品服装的标准及技术性法规分析［J］．质量与认证，2020（2）：86-87.

［57］国家制造强国建设战略咨询委员会，中国工程院战略咨询中心．中国制造业重点领域技术创新绿皮书：技术路线图［M］．北京：电子工业出版社，2020.